ULRICH HOFFMANN

MINI-
MEDITATIONEN

MEDITIEREN WIE NOCH NIE

MEDITATIONEN FÜR MINUTEN

WAS IST MEDITATION?

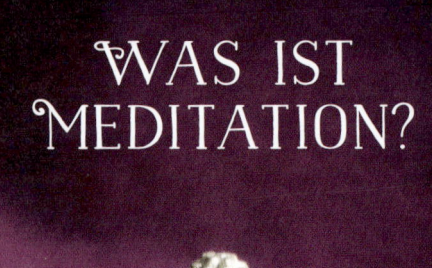

Bei den meisten Meditationen konzentriert man sich entweder auf ein Element: ein Bild, den Atem, ein Wort – oder richtet die Aufmerksamkeit bewusst auf »alles«. Wobei entscheidend ist, wahrzunehmen, ohne zu bewerten.

Wenn Sie sich also beispielsweise auf ein Geräusch konzentrieren (wie in Übung 2) und dabei das Bellen des Nachbarhundes wahrnehmen, sollten Sie sich davon nicht einnehmen und davontragen lassen, etwa so: »Oh, der Hund des Nachbarn bellt aber laut, der ist auch ganz schlecht erzogen, da fällt mir ein, ich muss der Katze nachher noch Futter geben, und den Rasen mähen muss ich auch noch, wirklich rücksichtslos, dass er einen so großen Hund angeschafft hat, und sein dickes Auto steht auch immer auf zwei Parkplätzen, überhaupt ist das ein mieser Typ, so wie der Kassierer heute im Supermarkt, auch ganz schlecht gelaunt, und dann ist mir auch noch das Wechselgeld runtergefallen …«
Es geht vielmehr darum wahrzunehmen und festzustellen: »Der Hund des Nachbarn bellt«, und jegliche Wertung außen vor zu lassen. Ab da kann man sich mit dem Geräusch genauer beschäftigen – wie hört es sich an, welche Klangqualität hat es, ist es nah oder fern, gewohnt oder überraschend? – oder es vorbeiziehen lassen und dann etwas anderem seine Aufmerksamkeit schenken.

MEHR ALS NUR RUMSITZEN

Was für Geräusche gilt, trifft auch auf Gefühle, Gedanken oder innere Bilder zu. Im Geist kann Meditation also recht vielfältig sein. Äußerlich passiert beim Meditieren dagegen wenig. Meist sitzt der Meditierende, oder er liegt. Selbst aktive Varianten wie Gehmeditationen (siehe Übung 30) oder sogar Yoga laufen eher langsam bis unbewegt ab. Was also ist der Unterschied zwischen Meditieren und Rumsitzen? – Wer »rumsitzt«, döst entweder vor sich hin oder hängt den Gedanken nach. Wer rumsitzt, kann nervös, unkonzentriert, traurig oder auch total happy und gut drauf sein. »Rumsitzen« ist eine Position, keine Geisteshaltung. »Meditation«, egal in welcher Körperhaltung, bezeichnet dagegen den Versuch, sich bewusst auf etwas zu konzentrieren.

Ein Flow-Gefühl

Mich erinnert das an den sogenannten »Flow«. Der Psychologie-Professor Mihály Csíkszentmihályi beschreibt in seinem Buch »Flow – Das Geheimnis des Glücks« einen Zustand, in dem Aufmerksamkeit, Motivation und die Umgebung in einer Art produktiver Harmonie zusammentreffen; der Wille ist auf eine gelassene Weise zentriert und konzentriert. Flow-Zustände erleben die meisten Menschen am ehesten im Sport, aber auch beim Malen,

Töpfern, Lieben, Bergsteigen, Kochen können sie eintreten und natürlich auch im Beruf.

Meditation ist – wie jede Flow-Aktivität – Selbstzweck. Wer meditiert, um … zu …, wird es schwer haben. Man kann sich nicht hinsetzen und meditieren, um befördert zu werden oder um Unsicherheiten abzulegen. Aber man kann befördert werden oder Unsicherheiten besiegen, (auch) weil man meditiert, denn durch Meditation kommt man sich selbst ein wenig näher und wird so authentischer und selbstsicherer.

Gezielt abschalten

Meditation trainiert das Gehirn zum Nichtstun, zum Stillhalten – ein interessantes Unterfangen für unseren Kopf, dem wir ständig Höchstleistungen abverlangen. Unser Gehirn ist immer voller Gedanken, dauernd im Dienst, aber dabei verdammt gestresst und unkonzentriert. Übt man in ruhigen Momenten das gezielte Abschalten, kann unsere Zentrale im Kopf regenerieren. Sitzt man nur herum, ohne dieses Element der aktiven Erholung, ist man hinterher meist genauso geschlaucht wie zuvor.

Wer richtig gut ist, erlebt beim Meditieren sogar Erscheinungen und Erleuchtungen. Vor allem aber besteht das Ziel darin, einmal in aller Ruhe … nichts zu tun.

VIELE WEGE FÜHREN ZUM ZIEL

Meditation ist nicht gleich Meditation. So wie
Musik die verschiedensten Stilrichtungen aufweist,
so entwickelten sich auch sehr unterschiedliche
Meditationsformen. Sie sprechen verschiedene
Sinne an und wirken auf unterschiedliche Weise.
Werfen wir im Folgenden einen Blick auf die
bekanntesten Meditationstechniken:

Achtsamkeitsmeditation

Diese Meditationsart ist in Europa und Nordame-
rika aktuell am bekanntesten. Dabei achtet man
konzentriert auf etwas, häufig den eigenen Atem,
die Umgebungsgeräusche, Gedanken oder Gefühle.
Achtsamkeitsmeditationen bilden die Grundlage
der MBSR. Diese Abkürzung steht für Mindful-
ness-Based Stress Reduction, also achtsamkeits-
basierte Stressreduktion. Sie wurde von dem ame-
rikanischen Molekularbiologen Jon Kabat-Zinn
entwickelt. Er konnte an der Uniklinik Massachu-
setts nachweisen, dass sich viele gesundheitliche
Probleme – von chronischen Schmerzen bis zu
psychischen Störungen – durch regelmäßige Achtsamkeitsübungen besserten.
Vipassana-Meditationen gehen über das Einüben
der Achtsamkeit hinaus, werden aber häufig dennoch als Achtsamkeitsmeditation bezeichnet. Im
Vipassana ist das Ziel jedoch, auf dieser Grund-

lage Einsichten zu gewinnen. Also nicht nur den Atem oder die Gedanken wahrzunehmen, sondern das wahre Ich oder das Einssein aller Dinge zu finden. Einfache und im Alltag leicht anwendbare Achtsamkeitsübungen finden Sie im ersten Übungskapitel. Sie bilden eine Art Grundtechnik für die nachfolgenden Meditationen.

Visualisierungen

Bei dieser – auch Imagination genannten – Methode lässt man bewusst Bilder vor seinem inneren Auge entstehen. Hier sind Ihre Phantasie und Ihr Vorstellungsvermögen gefragt. Visualisierungen helfen manchen Menschen besonders gut, sich zu entspannen und von einer belastenden Alltagssituation zu lösen. Sie können ein einfacher Einstieg in die Meditation sein. Im zweiten Übungskapitel lernen Sie einige Meditationen kennen, die mit Visualisierung beziehungsweise Imagination arbeiten.

Chakra-Meditation

Diese Form der Meditation beschäftigt sich mit den sieben Energiezentren im Körper, wie sie aus manchen hinduistischen und buddhistischen Lehren bekannt sind. Laut der Chakrenlehre gibt es sieben Hauptchakren, die auf der Achse zwischen Beckenboden und Scheitel liegen. Ziel ist es, den

Energiefluss anzuregen und ein Ungleichgewicht aufzulösen (zum Beispiel, wenn wir uns tagelang zugleich nervös und erschöpft fühlen). Im Kapitel »Visualisierungen« finden Sie auch eine Chakra-Meditation (Übung 13).

Aktive Meditationen

Sie bieten die Möglichkeit, Alltagsaktivitäten neu und aufmerksam zu erledigen. »Wenn du Wasser schöpfst, schöpfe Wasser«, heißt es – man könnte auch sagen: Eins nach dem anderen, oder: Immer mit der Ruhe. Besonders bekannt sind Gehmeditationen, für die man langsamer gehen muss als üblich und die sich gut zum Beispiel beim Warten an der Bushaltestelle durchführen lassen. Auch Yoga, Taijiquan und Qi Gong zählen zu den aktiven Meditationen, da sie nicht nur auf körperliche Fitness zielen, sondern zugleich eine Erholung des Geistes anstreben. Man kann sich auch auf das Abwaschen oder auf Geschmack und Konsistenz einer Rosine beim Kauen konzentrieren. Anleitungen zu aktiven Meditationen finden Sie ab Seite 114 (Übungen 25-32).

Mantra-Meditationen

Bei dieser Art von Meditation wiederholt man (manchmal stumm) ein bestimmtes Wort oder eine Wortfolge, eben das Mantra, und konzentriert sich auf dessen Bedeutung, zum Beispiel auf das berühmte Om (den Urklang, aus dem nach hinduistischem Verständnis das gesamte Universum entstand). Im persönlichen Meditationsunterricht bei fortgeschrittenen Lehrmeistern teilen diese jedem Schüler ein eigenes, geheimes Mantra zu. Manche Mantren werden auch musikalisch untermalt, daher gibt es auch Gesangsmeditationen, die ein wenig an die gregorianischen Chöre der christlichen Kirche erinnern. Im Kapitel »Aktive Meditationen« finden Sie auch zwei Mantra-Meditationen (Übungen 25 und 27).

Metta-Meditation

Bei dieser Meditation über Liebe und Dankbarkeit senden wir erst uns selbst, dann den Menschen, die wir mögen, und schließlich Personen, die uns weniger sympathisch sind sowie allen Lebewesen auf der Welt Liebe und Dankbarkeit. Das klingt nutzlos und schwierig – aber nach einiger Zeit hört die innere Stimme auf zu meckern. Ihre Einstellung der Welt und anderen Menschen gegenüber wird positiver und Sie selbst ein wenig glücklicher. Mönche, die die Metta-Meditation über lange Zeit hinweg regelmäßig praktizieren, gehören laut Wissenschaft zu den glücklichsten Menschen der Welt! Eine Mettameditation (Übung 24) finden Sie im Kapitel »Umgang mit Emotionen«.

WOZU MEDITIEREN?

Durch Meditation können wir üben, mit
negativen Gedanken und Gefühlen umzugehen.
Wir lernen uns selbst kennen, finden so leichter
unseren Platz im Leben und es geht uns
allgemein deutlich besser.

Der Weg dorthin kann aber recht unterschiedlich
aussehen: Manche Menschen achten beim Meditieren sorgfältig auf ihren Atem und finden dabei
eine große innere Ruhe, andere durchstreifen wilde
Fantasy-Landschaften in ihrer Seele auf der Suche
nach sich selbst. Wieder andere beschäftigen sich
mit Themen wie: Was ist gut und was tut mir und
der Welt gut? Zwischen Psychologie, Philosophie
und Meditation sind die Schnittmengen groß.
Aber im Gegensatz zu den Wissenschaften steht
beim Meditieren nicht das analytische Denken im
Mittelpunkt, sondern das Sein – das Sein im Hier
und Jetzt. Warum also nicht (auch) über diesen
Zugang Antworten auf die Fragen des Lebens finden? Noch dazu, wenn man so auch sein körper-
liches und geistig-seelisches Wohlbefinden positiv
beeinflussen kann? Regelmäßiges Meditieren hilft
zum Beispiel, effektiv Stress zu reduzieren sowie
bei Herzproblemen und Schmerzsyndromen.
Nicht zuletzt macht es uns ausgeglichener und
damit im Umgang mit Menschen und Schwierigkeiten klarer, freundlicher und friedlicher.

WEISHEIT UND WOHLBEFINDEN

Bei der Meditation konzentrieren wir uns darauf, was jetzt in diesem Moment gerade alles um uns herum ist und dass es so ist, wie es ist – ich, du, die Welt. Ich kann es nicht ändern. Ich kann vielleicht auf den nächsten Moment einwirken und möglicherweise sollte ich das sogar. Aber der aktuelle Moment ist unbeeinflussbar. Er ist so, wie er ist. Dieses Annehmen dessen, was ist, ohne es gleich zu bewerten und sich davon beherrschen zu lassen, ist der erste Schritt zu Veränderungen in eine positive Richtung.

Widersprüche ausgleichen

Vermutlich kennen auch Sie Menschen, die unheimlich gut zuhören können. Sie geben einem das Gefühl, jetzt gerade sei nur eines wichtig, nämlich Sie und das, was Sie sagen. So ähnlich kann man Meditation empfinden: Jetzt gerade ist nur eines wichtig – was gerade ist.

Aber wieso ist das mehr als ein Zeitvertreib, mehr als beispielsweise ritualisiertes »Aufs-Meer-Starren«? Weil es sich gut anfühlt und weil es uns der Weisheit näher bringt.

Lange Zeit wurden Menschen, die meditierten, als besonders weise Ratgeber angesehen. In Wahrheit ist es umgekehrt: *Weil* sie meditierten, wurden sie zu weisen Ratgebern. Sie ruhen in sich, sehen das

Große und Ganze ebenso wie die Wünsche des Einzelnen. Sie erkennen beides gleichermaßen an und können Widersprüche zum Ausgleich bringen. Sie sind wie der große König fähig zu »salomonischen Urteilen«.

Auswirkungen auf den Alltag

Auch wenn wir wahrscheinlich nicht in die Geschichte eingehen werden wie der biblische König Salomon, so können wir uns doch ein gewisses Maß an Weisheit aneignen, das uns im Alltag weiterhilft. Denn Meditation heißt Entlastung und mehr Klarheit, was sich auch außerhalb der Meditationssitzungen zeigt. Das ist doch großartig. Wenn mein Kind sich beispielsweise im Supermarkt schreiend auf den Boden wirft, weil es unbedingt ein Überraschungsei haben muss, oder wenn die Kollegin in der Konferenz meine Idee als ihre ausgibt – je ruhiger und gelassener ich in diesem Moment bleiben kann, desto besser werde ich mit der Situation fertig. Das soll nicht heißen, dass unsere Wünsche unwichtig sind. Aber wir können das, was wir wollen, auf leichtere und angenehmere Weise erreichen, wenn wir uns nicht der Hektik der Herde anschließen, denn das führt zu Dauerstress. Und wie soll man da gesund und umgänglich bleiben? Regelmäßiges Meditieren kann Ihnen die nötige Gelassenheit bringen.

Meine persönliche Erfahrung war, dass bereits wenige Wochen, nachdem ich angefangen hatte zu meditieren, meine Kinder sagten: »Was ist denn los, du bist auf einmal so nett?« Ich habe nicht mehr erlaubt, vielleicht sogar eher weniger, aber ich habe irgendwas anders gemacht. Der Ton meiner Stimme hatte sich verändert. Er wurde sanfter, zugewandter und freundlicher – und zugleich klarer und unmissverständlicher.

Mehr Zufriedenheit

Seitdem ich meditiere, wird mir immer öfter klar, warum mich etwas berührt oder belastet. Was ich mir erhoffe, wovor ich Angst habe und warum. Dann kann ich weiterdenken: Ist die Angst berechtigt, ist der Wunsch erreichbar?

Ich bin, wie ich bin, aber mit jeder Meditation bringe ich mich und meinen Alltag ein wenig mehr zur Deckung. Und ich habe gelernt: Man kann unerfüllte Wünsche haben und trotzdem glücklich sein im Leben. Man kann ja auch ein Fußballspiel oder beim Schach verlieren und trotzdem wahnsinnig viel Spaß am Spiel haben. Die Menschen, die wir sympathisch finden, sind nicht unbedingt diejenigen, die alles haben. Es sind vielmehr diejenigen, die zufrieden sind, mit dem was sie haben, und damit, wie ihr Leben gerade ist – selbst wenn sie es gerne anders hätten.

STAND DER WISSENSCHAFT

Natürlich kann Meditation bei Beschwerden, Störungen oder Krankheiten nicht den Arztbesuch ersetzen. Aber: Was die Tradition besagt, kann mittlerweile wissenschaftlich bewiesen werden – Meditieren ist gut für Körper, Geist und Seele.

Forschungsergebnisse

- Wissenschaftler in Harvard fanden bei Personen, die mindestens zwei Monate lang regelmäßig meditierten eine ganze Reihe aktivierter Immun-Gene; in der Vergleichsgruppe waren die entsprechenden Gene inaktiv.
- Bereits ganz normaler Alltagsstress reduziert die Durchblutung von Magen und Darm, um die Energie für Flucht oder Kampf bereitzustellen, was für die Urmenschen extrem wichtig war. Auf Dauer ist das jedoch ungesund. Wer meditiert, baut diesen Stress ab, sodass die Verdauungsorgane wieder normal arbeiten können. Die Nahrung wird besser verstoffwechselt, zugleich gehen Reizdarmbeschwerden wie Blähungen oder Verstopfung zurück.
- Meditation setzt im Körper produziertes Morphium frei. Das senkt nicht nur Herzschlag, Atemfrequenz und Blutdruck. Auch Stresshormone wie Dopamin und Noradrenalin werden durch regelmäßiges Meditieren reduziert.

- Studien aus Australien und der Türkei belegen: Menschen, die konstruktiv mit Stress umgehen, sind fruchtbarer, das heißt konkret, Frauen werden leichter schwanger.
- Ein Vergleich der Arztbesuche von 2000 meditierenden und 600 000 nicht meditierenden Angestellten einer Versicherung ergab: 50 Prozent weniger Klinikaufenthalte, 87 Prozent weniger Herzkrankheiten, 30 Prozent weniger Infekte, 50 Prozent weniger Krebserkrankungen!

Bei all dem muss man natürlich berücksichtigen, dass Personen, die meditieren, möglicherweise auch weitere gesundheitsfördernde Maßnahmen ergreifen, also vielleicht mit dem Rad zur Arbeit fahren statt mit dem Auto oder auch mal einen Veggie-Day einlegen. Umgekehrt gilt sicher auch: Dadurch, dass Sie sich in positiver und konstruktiver Weise mehr mit sich beschäftigen, entsteht ein Bewusstsein für ganzheitliches Wohlbefinden.

Körperliche Vorteile auf einen Blick

Wer regelmäßig meditiert, kann damit seinen gesamten Organismus positiv beeinflussen – von der einzelnen Zelle bis hin zu komplexen Abläufen. Meditation:

- stärkt die Zellgesundheit (neugebildete Körperzellen sind widerstandsfähiger und stabiler als die abgestorbenen Zellen es waren)

- senkt den Blutdruck
- senkt den Anteil der Stresshormone im Blut
- kurbelt das Immunsystem an
- wirkt gegen Schmerzen so gut wie gängige Schmerzmedikamente
- unterstützt das Verdauungssystem.

Meditieren für Geist und Seele

- Im Gehirn wird die Bildung neuer Verbindungen angeregt, ganze Hirnareale können größer werden – genau wie Hanteltraining die Oberarmmuskulatur wachsen lässt. Man nennt das Neuroplastizität, und entgegen bisherigen Vermutungen sind derartige Veränderungen bis ins hohe Alter möglich.
- Nachweislich hilft Meditation gegen Depressionen, Burn-out, Panikattacken, Angstzustände, Suchtverhalten und Essstörungen. Auch nehmen Konzentrationsvermögen und Aufmerksamkeit zu, das heißt, wir können Reize schneller und leichter verarbeiten, egal ob es dabei um Lernstoff oder zwischenmenschliche Informationen geht.
- Auf Dauer bringt das Meditieren auch die missmutige Stimme in unserem Inneren zum Schweigen, die immer nur mäkelt: »Das kannst du nicht, was glaubst du, wer du bist? – Das hast du nicht verdient. – Alle mögen deine

Schwester lieber als dich …« Oder zumindest lernt man, dieser Stimme nicht einfach nur zu gehorchen oder sie gestresst niederzubrüllen, sondern sie liebevoll anzunehmen – und trotzdem besser nicht auf ihren Rat zu hören.

- Durch Meditation gelangen wir zu mehr innerer Ruhe und größerer Distanz zum Alltag. Wir können deutlicher spüren: Was will ich wirklich?

- Selbst wer nie eine Metta-Meditation (Übung 24) durchgeführt hat, praktiziert doch mit jeder Meditation einen liebevollen Umgang mit sich. Sich etwas Gutes zu tun, gut mit sich umzugehen, wird so zum Standard. Und es ist eine ganz andere Art des Gutseins als sich zwei Brownies zum Caramel Latte zu gönnen! Unsere Seele lernt mit der Zeit glaubhaft: Ich bin es tatsächlich wert, nett zu mir zu sein. Das tut gut und beeinflusst auch unser Auftreten: Je mehr ich mich mag, desto freundlicher kann ich zu anderen sein.

Was Meditation leisten kann

Meditation kann alles – und nichts. Sie ist kein Allheilmittel. Meditation selbst heilt weder Krebs, noch wird dadurch alles gut. Sie unterstützt Ihren Geist und Ihren Körper jedoch bei der erfolgreichen Entfaltung des Lebens.

Ich stelle mir das so vor: Gut für eine Prüfung zu lernen hilft, eine gute Note zu schreiben – garantiert es aber nicht. Regelmäßig zum Training zu gehen hilft auf dem Weg zur Topfigur – aber sicher hat man sie noch lange nicht. Und Meditation sichert kein erfolgreiches und zufriedenstellendes Leben, kann aber ein wichtiger Baustein dafür sein. Sie kann Ihnen helfen, sich selbst besser kennenzulernen und aus diesen Erkenntnissen heraus anders als bisher zu handeln.

Es lohnt sich übrigens, mit den verschiedenen Formen zu experimentieren. Denn je mehr Freude Sie an der Meditation haben, desto tiefer werden Sie sich darauf einlassen, und desto größer ist die Wirkung. Das kennen wir alle noch aus der Schule: Je interessanter das Fach und je besser der Lehrer, desto motivierter hat man gelernt und desto besser fiel im Endeffekt die Arbeit aus.

Meditation und Religion

Alle Religionen kennen meditative Übungen. Meditation hat ihre Wurzeln im Religiösen. Man muss aber weder Buddhist sein noch an einen Gott glauben, um erfolgreich zu meditieren, so wie man ja auch eine christliche Studienreise buchen kann, ohne einer Kirche anzugehören. Im Rahmen dieses Buches spielen Religion oder Konfession keine Rolle – stören aber auch nicht.

WIE MEDITIERT MAN RICHTIG?

Sie müssen nicht den Lotussitz beherrschen und brauchen auch keine Räucherstäbchen und Kerzenschein, um zu meditieren. Ein paar einfache Dinge gibt es aber zu beachten, wenn Meditation wirksam sein soll.

Viele Menschen würden gern meditieren, weil sie wissen, dass es gut für sie wäre und ihnen helfen könnte, im Alltag besser mit Belastungen und Konflikten umzugehen, oder weil Meditation allgemein gut für die Gesundheit ist. Aber irgendwie trauen sie sich nicht so recht ran an die Sache, da so manche Frage offen ist: Brauche ich eine bestimmte Umgebung und/oder ein bestimmtes Outfit? Wann, wie lange und wie oft soll ich meditieren? Im Sitzen oder besser im Liegen? Welche Art von Meditation passt zu mir? Und was, wenn ich mich nicht richtig darauf einlassen kann und ständig mit den Gedanken abschweife?
Die folgenden Ausführungen sollen Ihnen die Scheu vor dem Einstieg nehmen – in das Thema Meditation im Allgemeinen, vor allem aber in die einfachen Alltagsmeditationen, die Sie in diesem Buch kennenlernen werden. Lesen Sie also die nächsten Seiten aufmerksam durch, bevor Sie sich auf die Übungen stürzen. Wenn Sie schon Erfahrung mit dem Meditieren haben, können Sie gleich anfangen und hierher zurückblättern, falls Fragen auftauchen.

ZEIT UND ORT

In Bezug auf die Zeit stellen sich gleich drei Fragen: Wann soll ich meditieren, wie lange und wie oft? Und auf alle drei gibt es mehrere Antworten.

Wie lange dauert eine Meditation?

Die Dauer einer Sitzung ist nicht festgelegt. Traditionell werden für Einsteiger 20–30 Minuten empfohlen, in Kursen wird auch mal zwei oder drei Stunden am Stück meditiert. Aber auch Kurzmeditationen gibt es schon seit Langem. Beispiele dafür sind die »7-Minuten-Buddha-Meditation« (siehe »Bücher und Adressen, die weiterhelfen«, Seite 141) oder die von dem US-Meditationslehrer davidji entwickelte Meditationsform »16 seconds to bliss« (16 Sekunden zur Erleuchtung).
Die Meditationsübungen in diesem Buch sind jeweils auf etwa drei Minuten ausgelegt. Sie können also auf dem Weg zur Arbeit in der Zeit von einer Station zur nächsten meditieren. Oder in einer kurzen Kaffeepause. Ein paar Minuten sind immer drin – Ausrede zwecklos. Die Praxis zeigt, dass es auch Einsteigern problemlos gelingt, in wenigen Minuten aus dem Alltag auszusteigen und die meditativen Vorteile zu erfahren. Aber natürlich können Sie die Meditationen zeitlich ausdehnen, wenn Sie möchten, und Ihr individuelles »Zeitfenster« herausfinden.

Wann ist der beste Zeitpunkt?

Je früher am Tag man meditiert, desto besser, weil man so den ganzen Tag positiv beeinflusst. Aber: Besser spät als nie, auch die Mittagspause oder der Abend sind völlig in Ordnung. Viele Menschen meditieren direkt nach dem Aufstehen oder zumindest, bevor sie morgens aus dem Haus gehen. Hilfreich ist es, das Meditieren wie das Zähneputzen und Duschen zum festen Punkt der »Morgenhygiene« zu machen. Oder Sie meditieren im Rahmen Ihres Zubettgeh-Rituals – als kurzer Puffer zwischen Alltag und Schlaf.

Wo meditiert man am besten?

Sie können sich natürlich einen speziellen Meditationsplatz einrichten, an dem Sie in angenehmer Atmosphäre ungestört meditieren können. Die meisten der Meditationen in diesem Buch lassen sich aber auch in der U-Bahn oder am Schreibtisch ausführen. Sie sind somit im wahrsten Sinne alltagstauglich. Testen Sie sie also auf dem Weg zur Arbeit oder im Büro.

Wie oft soll man meditieren?

Wichtiger als Dauer, Zeitpunkt und Ort ist beim Meditieren *Regelmäßigkeit*. Wenigstens einmal an fünf Tagen pro Woche ist empfehlenswert, damit Meditation ihre Wirkung entfalten kann.

KÖRPERHALTUNG UND ABLAUF

Wenn Sie an Meditation denken, sehen Sie höchstwahrscheinlich eine Person im Lotussitz auf einem kleinen Kissen vor sich. Tatsächlich erfolgen viele Meditationen im Sitzen, allerdings muss es weder der Lotus- noch der Schneidersitz auf dem Meditationskissen oder -hocker sein. Auf einem ganz normalen Küchen- oder Schreibtischstuhl geht es auch. Und man kann im Liegen oder sogar im Stehen meditieren.

Sitzen, liegen oder stehen?

Zu empfehlen ist das Sitzen mit geradem Rücken, ohne sich dabei zu verspannen. Die Hände liegen auf den Knien oder im Schoß. Wichtig ist, dass der Atem frei fließen kann. Tragen Sie also bequeme Kleidung beziehungsweise lockern Sie, wenn Sie unterwegs meditieren, Rock- oder Hosenbund.

Meditation im Liegen hat den Nachteil, dass man leicht dabei einschläft, da Meditation auch entspannend wirkt. Angestrebt wird aber nicht das Einschlafen, sondern eine entspannte *Aufmerksamkeit*. Wer das im Liegen hinkriegt – prima. Legen Sie sich auf den Rücken und lassen Sie die Füße locker zur Seite fallen. Die Hände liegen etwa 15 Zentimeter entfernt vom Körper, die Handflächen zeigen nach oben.

Im Liegen wie im Sitzen können die Energien in der Wirbelsäule frei fließen. Schief zu sitzen oder in einem Sessel zu hängen, macht eine Meditation nicht unmöglich, erschwert sie aber.

Die einmal eingenommene Körperhaltung sollten Sie möglichst beibehalten, auch wenn es kribbelt oder juckt – dies ist ein Teil der meditativen Disziplin. Je stiller Sie den Körper halten, desto ruhiger kann Ihr Geist werden. Dabei sollen jedoch keine Grenzen überschritten werden; notfalls verändern Sie Ihre Körperhaltung und schenken dabei eben diesem Vorgang Ihre volle Aufmerksamkeit, bevor Sie sich wieder der eigentlichen Übung zuwenden. Einige der Meditationsübungen in diesem Buch, etwa die Atemübung (Übung 1), lassen sich auch im Stehen ausführen, etwa wenn Sie in der U-Bahn keinen Sitzplatz finden – probieren Sie es aus.

Augen auf oder Augen zu?

Bei den meisten Meditationen können Sie die Augen locker schließen oder auf eine mittlere Entfernung gerichtet unfokussiert geöffnet lassen. Das heißt, Sie schauen vor sich hin, ohne wirklich etwas zu sehen. Beim Meditieren im Bus oder Büro sollten Sie möglichst nie direkt auf eine Person schauen, die könnte davon irritiert sein und Sie stören. Einige Übungen, etwa das Visualisieren, sind aber einfacher mit geschlossenen Augen.

Anfang und Ende einer Meditation

- Nehmen Sie, bevor Sie mit dem Meditieren beginnen, Ihre Meditationshaltung ein (siehe Seite 28–29). Richten Sie dann Ihre Aufmerksamkeit auf Ihre Atmung und achten Sie circa fünf bis zehn Atemzüge lang auf das Ein- und Ausatmen. Nun wenden Sie sich der eigentlichen Übung zu.

- Traditionell wird eine Meditation beendet, indem man die Handflächen vor der Brust aneinanderlegt und sich dankbar verneigt. Ein kleines Lächeln tut es aber auch, vor allem wenn Sie nicht alleine im Raum sind. Wenn Sie wieder in den Alltag zurückkommen, können Sie auch ein paar Mal mit den Augenlidern klimpern, um den Übergang fließender zu gestalten. Auch Dehnen und Strecken ist gut, sofern das die Umgebung erlaubt.

Wie schnell wirkt Meditation?

Manche Menschen sind schon nach dem ersten Mal begeistert von dem Effekt – vor allem bei längeren Meditationen oder nach einem Kurs. Die positiven körperlichen Auswirkungen lassen sich in Studien nach zwei Monaten regelmäßiger Meditation beweisen. Vorteilhafte Veränderungen im zwischenmenschlichen Bereich sollten Sie und Ihre Lieben nach einigen Wochen feststellen.

WIE MEDITIERE ICH MITHILFE DIESES BUCHES?

Im Folgenden zeige ich Ihnen, wie Sie am besten an die Meditationsübungen in diesem Buch herangehen und gleich loslegen können.

Die Auswahl der Übungen

- Für Einsteiger empfehle ich, eine Woche lang jeden oder jeden zweiten Tag die Übung 1 zu praktizieren und es dann jeweils mit einer Meditation aus einem anderen Kapitel zu versuchen. Folgen Sie einfach Ihrem Gefühl, wenn ein Thema oder eine Übung Sie besonders anspricht. So lernen Sie verschiedene Meditationsarten kennen, was bei der weiteren Auswahl hilfreich ist.

- Sie können dann im Folgenden über einen längeren Zeitraum bei der immer gleichen Übung bleiben oder abwechseln. Vielleicht eignet sich eine Übung besonders gut für den Weg zur Arbeit, eine andere lässt sich besser am Abend oder am Wochenende zu Hause ausführen. Im Alltag ist möglicherweise vor allem Stressreduktion angesagt, eine Beschäftigung mit inneren Bildern oder Gefühlen ist dagegen eher etwas für den Kurzurlaub an einem störungsfreien Rückzugsort. Wie auch immer – wichtig ist, dass Sie regelmäßig praktizieren!

- Bei jeder Übung finden Sie kleine Zeichen, deren Bedeutung im Folgenden erklärt wird und die Sie bei der Auswahl zusätzlich unterstützen:

 eignet sich besonders gut für unterwegs

 dient der Selbsterkenntnis

 hilft sehr gut gegen Stress

 fördert Liebe und Dankbarkeit in Ihnen

 damit können Sie Energie tanken

 bezieht den Körper mit ein

 steigert die Aufmerksamkeit

 auch am Arbeitsplatz gut durchführbar

Die Übungen durchführen

- Lesen Sie eine Übung jeweils langsam und aufmerksam durch, gerne auch mehrmals. Sie werden merken, dass Sie in vielen Fällen schon beim Lesen anfangen, die beschriebene Meditation wie nebenbei auszuführen.
- Gehen Sie dann dazu über, die Meditation aus dem Gedächtnis zu praktizieren. Schlagen Sie

aber immer wieder einmal im Buch nach, um zu sehen, ob Sie an alles gedacht haben.

- Wenn nichts anderes vermerkt ist, führen Sie die Übung im Sitzen aus (siehe Seite 28) und beginnen und beenden die Meditation wie auf Seite 30 beschrieben.

Was tun, wenn die Aufmerksamkeit abschweift?

Bei einer Meditation sollten wir uns nicht vom Gedankenstrom in unserem Gehirn oder von Gefühlen ablenken lassen. Aber selbst bei sehr kurzen Meditationen gelingt das zumindest anfangs nur selten. Wir richten unsere Aufmerksamkeit auf etwas, nur um auf einmal zu bemerken, dass wir an etwas ganz anderes denken – den gestrigen Wutausbruch des Kindes, die Prüfung am nächsten Tag. Ärgern Sie sich nicht darüber. Dieser Moment ist bereits ein Moment der Achtsamkeit, in dem Ihnen bewusst wird, was Sie tun, und in dem Sie die Möglichkeit haben, Ihre Aufmerksamkeit wieder ruhig und liebevoll auf das ursprüngliche Ziel zu richten. Werfen Sie also nicht die Flinte ins Korn, wenn Sie sich plötzlich im Mühlrad Ihrer Gedanken oder auf der Achterbahn Ihrer Gefühle wiederfinden. Mit der Zeit wird es Ihnen immer besser gelingen, konzentriert und fokussiert zu bleiben.

MEDITATIONEN FÜR MINUTEN

ACHTSAMKEITS-
MEDITATIONEN

Das Wort Achtsamkeit ist heute in vieler Munde, und irgendwie weiß man, Achtsamkeit hat etwas mit Aufmerksamkeit und Konzentration zu tun. Aber was bedeutet der Begriff tatsächlich?

Bei allem, was wir tun, sind wir mal mehr, mal weniger aufmerksam und konzentriert – beim Abspülen, bei der Buchführung oder in einem Meeting. Das passiert fast automatisch. Achtsamkeit meint aber nicht eine zufällige, sondern eine bewusst herbeigeführte Aufmerksamkeit, etwa auf den eigenen Körper, die Gedanken oder auf die unmittelbare Umgebung.

Bei den folgenden Übungen, mit denen Sie Ihre Achtsamkeit trainieren können, geht es außerdem darum, nicht zu werten. Gerade wenn Sie das, was Sie wahrnehmen, so lassen wie es ist, – es weder ablehnen noch festhalten wollen – können Sie Veränderungen herbeiführen: Sie erlangen mehr mentale Stärke und seelische Stabilität, und Sie entwickeln einen aufmerksamen und wertschätzenden Umgang mit sich selbst und mit anderen. Wenn Sie die folgenden Achtsamkeitsmeditationen regelmäßig ausführen, wird es Ihnen mit der Zeit immer leichter fallen, sich in Ihrem Alltag auf das zu besinnen, was gerade wichtig ist, und sich weniger von stressigen Situation überwältigen lassen.

1 ATEMMEDITATION

Das bringt's:
Zu jeder Zeit innere Ruhe

Die Atemmeditation ist die in der westlichen Welt wohl bekannteste Meditationsübung – vermutlich weil sie einfach ist und besonders schnell gegen Stress wirkt.

Ziel dieser Achtsamkeitsmeditation ist es nicht, Ihr Atemmuster zu verändern. Sie sollen weder tiefer noch langsamer atmen – auch wenn das im Lauf der Übung oft von alleine geschieht. Ihre Absicht sollte hier ausschließlich darin bestehen, Ihre Atmung und das, was beim Atmen passiert, zu spüren und bewusst wahrzunehmen.

Schritt 1: Nehmen Sie eine Meditationshaltung ein – Sie können die Übung sowohl im Sitzen als auch im Liegen ausführen. Falls Sie sich über die jeweiligen Vorteile noch einmal klar werden möchten, schlagen Sie auf Seite 28 nach. Mit der Zeit schaffen Sie die Übung auch stehend im überfüllten Bus.

Schritt 2: Beobachten Sie nun Ihre Atmung und machen Sie sich bei jedem Atemzug bewusst:

- Ich atme ein, ich atme aus.
- Ich atme ein, ich atme aus.

Achten Sie allmählich auch auf die Übergänge zwischen Ein- und Ausatmen. Es entsteht immer eine kleine Atempause. Machen Sie sich bewusst:

- Einatmen
- Atempause
- Ausatmen
- Atempause

Schritt 3: Weiten Sie nun Ihre Selbstbeobachtung aus. Die folgenden Fragen können Ihnen dabei helfen. Es ist aber nicht wichtig, dass Sie alle Fragen konkret beantworten, sie sollen Sie nur in Ihrer Achtsamkeit für den Atem unterstützen.

- Atmen Sie langsam oder schnell? Tief oder flach? Atmen Sie durch den Mund oder die Nase? Ist die Luft kalt oder warm? Können Sie spüren, wie die Luft durch Ihre Nasenlöcher einströmt? Wie sich Ihre Nasenlöcher beim Luftholen ein wenig weiten? Falls Sie (auch) durch den Mund atmen, wie fühlt sich der Luftstrom auf der Zunge an? Schließen Sie den Mund nach jedem Atemzug, oder haben Sie Ihre Lippen ein wenig geöffnet?
- Können Sie den Atem in Ihrer Kehle fühlen, in Ihrer Luftröhre? Merken Sie, wie sich Ihr Brustkorb weitet? Atmen Sie bis in den Bauch

hinein, bis unter den Bauchnabel? Dehnt
sich auch Ihr Brustraum aus? Können Sie das
Heben und Senken Ihrer Bauchdecke spüren?
- Was empfinden Sie als angenehmer, das Ein-
  oder das Ausatmen?

Schritt 4: Konzentrieren Sie sich nun wieder nur
auf den Vorgang des Ein- und Ausatmens, wie in
Schritt 2 beschrieben.

Schritt 5: Beenden Sie die Übung, nachdem Sie
ausgeatmet haben, wie im Einleitungskapitel
beschrieben. Richten Sie Ihre Aufmerksamkeit nun
wieder langsam und gelassen auf Ihre Umgebung.

Ein organischer Vorgang

*Die Atmung ist ein natürlicher Vorgang, der ganz
von selbst abläuft. Dabei dehnen sich beim Einatmen die Lungenflügel seitlich und nach unten aus,
Brustkorb und Bauchraum weiten sich, beim Ausatmen werden sie wieder kleiner. Beim Einatmen
spannt sich die Atemmuskulatur, insbesondere das
Zwerchfell, beim Ausatmen erschlafft sie wieder.
Atmung ist also ein ständiger Wechsel von Span-
nung und Entspannung. Wenn Sie diese Meditation regelmäßig ausführen, dann wird Ihnen das
jeweils kurzfristig, aber auch auf lange Sicht mehr
innere Ruhe und Gelassenheit einbringen.*

2 GERÄUSCHMEDITATION

Das bringt's: Aufmerksamkeit im Alltag

Geräusche sind fast immer zu hören, aber wir blenden sie oft aus. Bei dieser Übung tun Sie das ausnahmsweise nicht – mit überraschendem Effekt.

Wir würden verrückt werden, wenn wir Geräusche und andere Außenreize nicht filtern, sondern alle ständig ungebremst an uns heranlassen würden. Um die eigene Achtsamkeit im Alltag zu fördern, kann man sich aber meditativ der gesamten Geräuschkulisse hier und jetzt widmen. Die Aufgabe besteht darin, »zu hören, was ist«, ohne die Geräusche zu bewerten.

Eine extrem leise Umgebung, wie man sie vielleicht sonst zum Meditieren aufsuchen mag, ist in diesem Fall weniger geeignet. Üben Sie die Meditation lieber während der Bahnfahrt zur Arbeit oder in freier Natur, am besten im Sitzen.

Schritt 1: Nehmen Sie Ihre Meditationshaltung ein und schließen Sie – wenn Sie möchten – die Augen, weil Sie so besser (zu)hören können.

- Atmen Sie einmal tief ein.
- Halten Sie den Atem kurz an.

- Atmen Sie aus.

Noch einmal:

- Atmen Sie tief ein.
- Halten Sie den Atem kurz an.
- Atmen Sie aus.

Danach lassen Sie Ihren Atem einfach fließen.

Schritt 3: Achten Sie nun darauf, was Sie hören. Die folgenden Fragen sollen Ihnen helfen, die auf Sie einströmenden Geräusche mit allen ihren Eigenschaften bewusst wahrzunehmen.

- Welche Geräusche erreichen Sie? Sind sie jeweils laut oder leise? Schwanken Lautstärken oder Tonhöhen? Erscheinen Ihnen die Geräusche angenehm oder unangenehm? Geht eines durch Mark und Bein? Ist eines kaum zu hören?
- Horchen Sie auch auf Geräusche, die Sie sonst nicht wahrnehmen, weil sie übertönt werden oder keinerlei Bedeutung für Sie haben. Welche Töne und Klänge nehmen Sie wahr, die Sie vorher noch nie gehört haben?
- Welche Klangqualitäten können Sie ausmachen – Rauschen, Knirschen, Knacken, Knacksen, Klicken, Zischen, Wummern …?
- Wie wirken die Geräusche auf Sie? Wie fühlen sie sich an? Ist der Eindruck, den sie vermitteln, druckvoll, mächtig, unbeholfen, zart, schüchtern, leidend, anheimelnd …?

- Sind die Geräusche erwartbar – etwa das Schnurren Ihrer Katze im Wohnzimmer, das Klingeln eines Telefons im Büro nebenan – oder treten sie gerade eben zufällig auf – das Heulen des Windes vor dem Fenster, die Sirene der Feuerwehr auf der Straße?
- Unterhalten sich Menschen? Zwitschern Vögel, hupt ein Auto, rascheln Blätter?
- Manchmal tun sich Räume zwischen den Geräuschen auf, Pausen … Können Sie auch diese Stille hören?

Schritt 4: Wenn Sie möchten, können Sie zudem versuchen, die Luft wahrzunehmen, die Sie umgibt und ohne die keiner dieser Töne zu Ihnen dringen würde. Sie erst ermöglicht den Transport von akustischen Schwingungen durch den Raum.

Schritt 5: Beenden Sie die Übung und hören sie wieder »ganz normal«.

Variante der Übung
Lauschen Sie aufmerksam und konzentriert einem Musikstück. Ziel ist nicht, sich von der Musik mitreißen zu lassen oder mitzusummen. Wichtig ist vielmehr, die einzelnen Instrumente und Stimmen wahrzunehmen, die in ihrer Gesamtheit einen Song oder eine Symphonie darstellen.

3 RIECHMEDITATION

Das bringt's: Neue Eindrücke

Auf Gerüche achten wir vor allem, wenn sie
unschön auffallen. Deshalb eignet sich diese
Übung besonders gut dazu, unsere wertfreie
Aufmerksamkeit zu schulen.

Wenn wir einen Geruch wahrnehmen, dann berührt er uns meist unangenehm: das schwere Par-
füm der Theaterbesucherin neben uns, Auspuff-
gase an der Fußgängerampel oder saure Milch. Im
schlimmsten Fall kommt es zu heftiger Übelkeit.
Anders ist es, wenn wir hungrig sind, dann sprin-
gen wir sofort an auf Essensdüfte – und es läuft
uns das Wasser im Mund zusammen.
Am liebsten scheint uns die »frische Luft« zu sein,
wenn es nach möglichst gar nichts riecht. Es riecht
aber eigentlich fast immer nach irgendetwas. Und
das sollten wir uns zunutze machen.

Schritt 1: Nehmen Sie eine entspannte Haltung
ein, egal ob Sie in der überfüllten U-Bahn sitzen
oder alleine auf einer Decke im Gras liegen. Konzentrieren Sie sich einige Atemzüge lang auf Ihr
Ein- und Ausatmen.

Schritt 2: Versuchen Sie dann beim nächsten Einatmen den vordergründigsten Geruch wahrzunehmen. Wenn er intensiv ist, geht das fast automatisch. Wenn nichts besonders hervorsticht, versuchen Sie einzelne gleich starke Noten oder den »Gesamtgeruch« Ihrer momentanen Umgebung aufmerksam wahrzunehmen.

Schritt 3: Die folgenden Fragen sollen Ihnen helfen, den Fokus auf das zu richten, was Sie riechen.

- Was genau ist es? Wie setzt sich der Geruch zusammen? Ändert er sich, wenn Sie den Mund ein wenig öffnen? (Nase und Zunge unterstützen sich beim Schmecken und Riechen meist gegenseitig.)
- Empfinden Sie einen Geruch anders, wenn Sie die Luft tief in die Lunge einatmen, als wenn Sie flachere und kürzere Atemzüge nehmen?
- Wie würden sie den Geruch oder die Gerüche charakterisieren? Empfinden Sie das, was Sie riechen als angenehm oder unangenehm?

Schritt 4: Nehmen Sie den Geruch (auch wenn er unangnehm ist) nur zur Kenntnis, benennen Sie ihn im Geiste, aber bewerten Sie nicht dabei. Also nicht »Benzingestank«, sondern »Benzin«; nicht »ekelhaft schimmlig«, sondern »Schimmel«. – Es ist, wie es ist. Es riecht, wie es riecht.

Schritt 5: Beenden Sie die Meditation, indem Sie sich wieder kurz auf Ihre Atmung konzentrieren.

Sie können auf diese Übung insbesondere auch dann zurückgreifen, wenn ein Geruch Sie stört. Damit entziehen Sie sich dem Gefühl von Ärger und haken einfach nur ab: Fisch – Fisch – Fisch. Oder: Motoröl – Motoröl – Motoröl. Katzenfutter – Katzenfutter – Katzenfutter. Aber: Zwingen Sie sich nicht. Die Übung ist wirklich nicht ganz einfach. Das liegt daran, dass wir auf Gerüche spontaner reagieren als auf andere Sinnesreize. Außerdem ist die Wirkung von Geruchsreizen weniger leicht zu steuern – es wird kaum gelingen, Speichelfluss oder Übelkeit zu unterdrücken.

Guter Riecher

Wenn Ihnen diese Übung schwer fällt, können Sie es mit folgenden Varianten versuchen:

- *Schnuppern Sie immer wieder einmal bewusst an etwas: An einer Blume oder an frisch geschlagenem Holz … und erweitern Sie so Ihre Geruchswelt. Auch ein Besuch in der Parfümerie kann eine ganz neue Bewusstseinsebene ansprechen.*
- *Sie können auch Räucherstäbchen verschiedener Duftrichtungen verwenden oder Duftkerzen beziehungsweise –lampen.*

4 FARBMEDITATION

Das bringt's: Neue Sichtweisen

Farben sind überall und deshalb so selbstverständlich,
dass wir sie kaum wahrnehmen. Schade eigentlich –
doch es lässt sich ändern.

Wir sind uns der Farbigkeit unserer Umgebung
allzu oft nicht bewusst. Am ehesten fallen uns
Signal- und Neonfarben auf. Doch gerade, wenn
Sie Ihre Aufmerksamkeit auf etwas lenken, das Sie
im Alltag normalerweise nicht bemerken, können
Sie Ihre Achtsamkeit hervorragend schulen.
Auf Farben (und auch auf Licht) zu achten, heißt
aber nicht nur, den optischen Reichtum der Welt
wahrzunehmen. Über die Welt der Farben können
Sie auch Ihre Bewusstheit für all das schärfen, was
damit zusammenhängt, zum Beispiel die Jahreszeiten: Sie sehen im Sommerhalbjahr eine fast
überwältigende Zahl von Farben, im Winterhalb-
jahr die »Nicht-Farben« Schwarz und Weiß, das
Grau-in-Grau und die unterschiedlichen Grau-
stufen selbst. Oder Sie erkennen, welche Farben
schönes oder schlechtes Wetter zu bieten hat oder
Morgen- und Abenddämmerung. Entdecken Sie
die Welt neu mithilfe der Farben.

Schritt 1: Nehmen Sie Ihre Meditationshaltung ein und konzentrieren Sie sich für einige Augenblicke auf Ihre Atmung. Schließen Sie bei diesem Schritt kurz Ihre Augen.

Schritt 2: Öffnen Sie nun die Augen und versuchen Sie, nur die Farben, die Sie umgeben, wahrzunehmen – also nicht den Schrank oder den roten Schrank, sondern das Rot; nicht die Wolken oder die grauen Wolken, sondern das Grau. Sie zerlegen auf diese Weise die Welt in Farbsegmente.

Schritt 3: Es geht dabei nicht darum, mit den Augen wild umherzuspringen wie bei »Ich sehe was, was du nicht siehst«. Im Gegenteil, je ruhiger, aufmerksamer und genauer Sie die Details wahrnehmen, um so besser. Schwenken Sie Ihren Blick also nicht von Gegenstand zu Gegenstand, von Farbtupfer zu Farbtupfer, von einem flüchtigen Eindruck zum nächsten, sondern bleiben Sie eine gewisse Zeit bei einer Farbe. Die folgenden Fragen sollen Ihnen bei der Beobachtung helfen:

- Welche Nuancen und Verläufe, Schatten, Übergänge, Grenzen weisen die Farben auf?
- Wie beeinflusst das Licht die Farben? Spielt das Sonnenlicht lebendig auf den Gegenständen vor Ihren Augen, oder liegen sie im stetig gleichbleibenden Kunstlicht?

- Achten Sie auch auf Veränderungen. Verdunkeln sich die Wolken? Wie verändert sich der weiße Kondensstreifen eines Flugzeugs am Himmel? Was passiert beim Spiel aus Licht und Schatten auf dem Faltenwurf eines Kleides oder dem Knopf einer Jacke?
- Welche weiteren Farben entdecken Sie, welche wiederholen sich?
- Huschen Sie nicht über scheinbare Selbstverständlichkeiten hinweg. Gehen Sie langsam und konzentriert vor, bis Sie jeweils sicher sind, alle Feinheiten wahrgenommen zu haben.

Schritt 4: Beenden Sie die Meditation, indem Sie wieder einige Ihrer Atemzüge beobachten und kurz die Augen schließen.

Weitere Farbspiele
- *Versuchen Sie, sich die Farben von Gegenständen vorzustellen, die Sie nicht sehen: Welche Farbe hat der Rahmen Ihres Spiegels zu Hause, der Lampenschirm in der Küche?*
- *Betrachten Sie ein einzelnes Objekt möglichst genau im Hinblick auf seine Farbgebung, zum Beispiel eine Tasse oder ein Schmuckstück.*
- *Versuchen Sie die Meditation vor einem Gemälde im Museum – Sie werden eine ganz neue Art der Bildbetrachtung kennenlernen.*

5 GEDANKENMEDITATION

Das bringts's: Loslassen

Dauernd kreisen unsere Gedanken um ... ja, um was eigentlich? Durch diese Meditation können Sie lernen, das Gedankenkarussell im Kopf auch mal abzuschalten.

Auch wenn wir unsere Gedanken nicht auf ein bestimmtes Ziel richten – »Ein Problem lösen, einen Plan entwerfen, eine Entscheidung treffen« – denken wir. Doch dieses Denken verläuft ungeordnet und in Wiederholungsschleifen.

Denken als Karussell

Diese immerwährende Kommentarspur in Ihrem Kopf ist an sich nichts Schlimmes. Aber meistens hat die innere Stimme doch viel zu meckern. »Du wolltest doch Sport machen und nicht vor dem Fernsehapparat rumhängen.« »Wann hast du eigentlich das letzte Mal deine Mutter angerufen?« »Warum muss ich nur an dieser stinklangweiligen Besprechung teilnehmen?«

Besonders beliebt ist das nächtliche Abspulen der aufgestauten To-Do-Liste: »Morgen muss ich unbedingt in die Reinigung, und die Fenster könnten mal wieder geputzt werden. Die Kinder müssen zum Zahnarzt und, ach je, die Steuer… Warum schlafe ich eigentlich so schlecht? Vielleicht sollte ich doch mal zum Arzt gehen und mir ein Schlafmittel holen? … Und warum hat »er« eigentlich nicht angerufen? Habe ich etwas falsch gemacht, ist er sauer? Da war doch schon gestern so ein merkwürdiger Blick. Aber was könnte es sein? Dass er auch so verschlossen ist… Wie spät ist es eigentlich? … Ach ja, ich muss nachher gleich in die Reinigung, und die Fenster …« – Munter dreht sich unser Gedankenkarussell im Kreis.

Das Denken wahrnehmen

Wenn uns diese Stimme auf die Nerven geht, wollen wir sie am liebsten ausblenden. Wir lassen Musik oder das Fernsehen laufen, um unsere eigenen Gedanken zu übertönen. Doch langfristig nützt das nichts, eher im Gegenteil. Es scheint unlogisch, hilft aber, sich den Gedanken aufmerksam zuzuwenden statt ihnen freien Lauf zu lassen oder sie zu unterdrücken. Es wird Ihnen viel besser gehen, wenn Sie Herr über Ihre Gedanken sind.

Schritt 1: Versuchen Sie, wenn Sie Ihre Meditationshaltung eingenommen haben, innerlich einen Schritt zurückzutreten und anzuschauen, welcher Gedanke gerade auftaucht. Setzen Sie sich aber nicht inhaltlich damit auseinander, nehmen

Sie ihn einfach zur Kenntnis und benennen Sie ihn im Geiste: »Aha, Sport.« »Aha, Reinigung.« »Aha, Arzt.« Betrachten Sie den Gedanken mit freundlichem Interesse, und lassen Sie ihn dann ziehen. Verfahren Sie mit dem nächsten und den folgenden aufsteigenden Gedanken genauso.

Schritt 2: Nach einer Weile werden die Abstände zwischen den einzelnen Gedanken größer. Es gibt Pausen. Nehmen Sie auch diese wahr. Nehmen Sie innerlich lächelnd zur Kenntnis, dass Sie gerade daran gedacht haben, nichts zu denken.

Schritt 3: Lösen Sie sich wie gewohnt aus der Meditation und spüren Sie der Wirkung nach.

Keine gute Idee

Manche Menschen können der Versuchung nicht widerstehen, bei dieser Übung die »wirklich wichtigen« Gedanken, die sie keinesfalls vergessen dürfen, auf einem Blatt Papier zu notieren. Das ist aber nicht Sinn der Sache – weil das ja ein inhaltliches Einlassen auf den Gedanken darstellt und das Meditieren unterläuft.

Gerade bei Gedanken, mit denen Sie sich unbedingt weiter beschäftigen wollen, können Sie das Loszulassen am besten üben: Den Gedanken wahrnehmen, benennen und ziehen lassen.

6 WAHRNEHMUNGSÜBUNG

Das bringt's: Präsenz

Alles mit allen Sinnen wahrnehmen – damit lösen Sie sich von Gedanken an Vergangenheit und Zukunft und üben das Sein im Hier und Jetzt.

Am besten führen Sie diese Meditation in einem begrenzten, aber doch anregenden Umfeld aus, etwa in der U-Bahn, in Ihrer eigenen Küche oder im Wartezimmer beim Arzt.

Schritt 1: Bei dieser Übung haben Sie die Augen geöffnet, und da Sie sich umschauen und vielleicht mit den Händen fühlen werden, können Sie auf eine Meditationshaltung verzichten. Achten Sie aber darauf, dass Sie aufrecht sitzen und gleichzeitig entspannt sind.

- Richten Sie Ihren Oberkörper auf, nehmen Sie die Schultern locker ein klein wenig zurück. Stellen Sie sich vor, genau auf dem höchsten Punkt Ihres Scheitels wäre ein Faden befestigt, der Sie nach oben zieht. Dadurch streckt sich die Halswirbelsäule ein wenig himmelwärts, und Ihr Kinn bewegt sich ein ganz klein wenig in Richtung Hals.

- Entspannen Sie Ihre Arme und Hände sowie
  Ihre Gesichtszüge. Lassen Sie den Unterkiefer
  leicht hängen, die Zunge liegt locker in der
  Mundhöhle. Wenn möglich lächeln Sie ein
  wenig, während Sie sich umschauen.
- Holen Sie einmal tief Luft durch die Nase,
  halten Sie den Atem einen kurzen Moment an,
  und lassen Sie die Luft wieder durch die Nase
  ausströmen. Noch einmal: Einatmen, kurze
  Pause, ausatmen.

Schritt 2: Nun sehen Sie sich um, als hätten Sie
diesen Ort, an dem Sie sich gerade befinden, noch
nie gesehen. Die folgenden Fragen helfen Ihnen,
alles ganz genau wahrzunehmen, zum Beispiel in
der U-Bahn.

- Wie ist so ein Waggon eigentlich aufgebaut?
  Wie viele Sitzreihen gibt es, in welcher Richtung sind sie ausgerichtet? Ihr Ziel besteht
  nicht darin, später ein fotografisches Abbild
  des Abteils anfertigen zu können. Sie sollen
  nur hier und jetzt möglichst alles wahrnehmen, was Sie umgibt.
- Wie groß ist die Kabine, in der Sie sich befinden? Wie viele andere Menschen sind noch
  darin? Ist es hell oder dunkel im Abteil? Woher
  kommt das Licht, durchs Fenster, von der
  Deckenbeleuchtung?

- Betrachten Sie die Sitzbezüge. Achten Sie auf die Farbe, das Material und das Muster. Nehmen Sie die Finger zu Hilfe und streichen Sie über den Bezug des Platzes, auf dem Sie sitzen. Werten Sie dabei nicht. Es ist gleichgültig, ob Sie die Farbe mögen oder eine andere ausgesucht hätten. Es ist, wie es ist.
- Wo befinden sich die Türen, die Haltestangen und Haltegriffe? Wie sind die Notbremsen gesichert, lassen sich die Fenster öffnen, und wenn ja, wie?
- Sehen Sie sich um mit der Neugier eines Dreijährigen – alles neu, alles toll, alles ausgesprochen spannend.

Schritt 3: Kommen Sie mit einem tiefen Atemzug wieder aus der Meditation zurück.

Nicht aufgeben

Gerade in der Bahn, wo selten Interessantes passiert, kreisen unsere Gedanken gern um das, was vorher war und was später am Tag noch anliegt. Es geht bei der Meditation aber genau darum, alles, was war und was sein wird, für einen Moment sich selbst zu überlassen.

Wenn Ihre Gedanken Sie doch davontragen – nicht schlimm, kehren Sie einfach wieder zur Übung zurück (siehe auch Seite 33).

7 KÖRPERREISE

Das bringt's:
Neues Körperbewusstsein

Geht Ihnen das auch so? Der Tag ist rum, der Rücken tut weh oder die Schultern, der Kopf oder die Hüfte – aber warum? Begeben wir uns auf Spurensuche!

Es ist doch erstaunlich, dass wir unseren Körper meist erst dann wahrnehmen, wenn er schmerzt, und wie wenig wir unter normalen Umständen davon mitbekommen, wie er sich anfühlt.
Wenn Sie zum Beispiel in der Küche stehen und warten, dass das Teewasser kocht, wenn Sie kopieren, die Wäsche zusammenlegen oder an der Supermarktkasse warten, dann nehmen Sie wahrscheinlich oft eine bestimmte Standardhaltung ein, ohne es zu bemerken. Ein Bein leicht eingeknickt, die Hüfte gekippt. Die Arme vor der Brust verschränkt, die Füße über Kreuz … Und auch im Sitzen haben Sie wahrscheinlich Ihre spezielle Körperhaltung: Das Kinn auf die Hand gestützt, die Beine übereinandergeschlagen … Diese Meditationsübung hilft Ihnen, solche Automatismen zu erkennen und diese so zu verändern, dass sich ein neues positives Körpergefühl einstellt.

Schritt 1: Bei den meisten anderen Meditationen bemühen Sie sich zu Anfang, eine möglichst entspannte und bequeme körperliche Position einzunehmen. Diesmal nicht! Bleiben Sie genau so, wie Sie sind. Schräg, schief, überstreckt, in sich zusammengesunken. Ganz egal, wie Sie gerade sitzen, stehen, liegen – unsere selbstgestellte Aufgabe besteht jetzt darin, möglichst genau wahrzunehmen, wie Sie sitzen oder stehen.

Schritt 2: Fühlen Sie bewusst der Reihe nach von unten nach oben in verschiedene Körperregionen und -glieder hinein:

- Von den Zehenspitzen über Füße und Knöchel in die Unterschenkel, von dort aus über die Knie und die Oberschenkel zur Hüfte.
- Von Becken und Bauchraum wandert Ihre Aufmerksamkeit in den Brustkorb und den unteren Rücken, anschließend zum oberen Rücken und den Schulterblättern.
- Von Nacken und Hals aus geht es zu den Schultern und dann abwärts über Oberarme, Ellenbogen, Unterarme, Handgelenke und Fingergelenke bis in die Fingerkuppen.
- Schließlich fühlen Sie Ihren Hinterkopf, die Stirn und die Schläfen, dann das Gesicht mit Lippen, Mund, Zunge, Augen, Kiefermuskulatur, Ohren und Nase.

Schritt 3: Nehmen Sie nun wieder Ihre gesamte Körperhaltung wahr und versuchen Sie zu spüren, welche Gefühle damit verbunden sind: Langeweile, Ärger, Widerstand, innere Anspannung…? Oder fühlen Sie – nach wiederholtem Üben – bereits mehr Offenheit, Neugier, Zuversicht, Freude?

Schritt 4: Beginnen Sie nun, mit Veränderungen in der Körperhaltung zu experimentieren. Wenn Sie beim Kopieren, am Wasserkocher, an der Kasse anders stehen, wie fühlt sich das an? Wenn Sie bei einer Unterhaltung oder beim Telefonieren anders sitzen – reagieren Ihre Mitmenschen anders auf Sie? Registrieren Sie die Eindrücke möglichst wertfrei und voller Interesse.

Schritt 5: Kommen Sie mit einer erneuten Änderung Ihrer Haltung wieder aus der Meditation.

Variante und Erweiterung

- *Sie können auch an einer anderen Körperstelle beginnen, etwa am aufgestützten Ellenbogen. Aber auch dann arbeiten Sie sich einmal durch alle Körperbereiche.*
- *Sie empfinden gerade Freude, Glück? Machen Sie sich diese Körperhaltungen bewusst. Und versuchen Sie, Stimmungen durch den Wechsel der Körperhaltung zu beeinflussen.*

8 NEUE-WEGE-MEDITATION

Das bringt's: Selbsterkenntnis

Routine beruhigt. Aber was wir kennen, nehmen
wir oft kaum noch richtig wahr. Vom Gewohnten
abzuweichen, erfordert dagegen unsere besondere
Aufmerksamkeit.

Wenn wir neue Wege gehen, können wir nicht im
Halbschlaf vor uns hin trotten, sondern müssen
aufmerksamer sein als sonst. Das können wir uns
bei dieser Übung zunutze machen: Es geht hier darum, eine Art wertfreie Aufmerksamkeit für unsere Alltagstätigkeiten zu entwickeln, also achtsam
zu werden für das, was wir tun (und nicht tun).

Schritt 1: Diese Übung erfordert keine bestimmte
Meditationshaltung. Überlegen Sie zunächst ein-
fach, was Sie tagtäglich gewohnheitsmäßig tun –
mit dem Bus zur Arbeit fahren, die Kinder mit
dem Auto zur Schule bringen, immer dieselbe
Strecke joggen? Wählen Sie dann eine alltägliche
Tätigkeit aus, die Sie sich zu gegebener Zeit für
diese Übung vornehmen und die Sie auf einfache
Weise verändern können – etwa Ihren Weg zur
Arbeit wie im folgenden Beispiel.

Schritt 2: Sie fahren zu einer bestimmten Zeit los, steigen um wie immer, trotten die Treppe runter, durch die Unterführung und dann zum Büro, Fahrstuhl in den achten Stock und ab ins Büro. Achten Sie bewusst auf einzelne Elemente, die Sie auf Ihrem Weg bemerken.

Schritt 3: Nehmen Sie beim nächsten Mal eine andere Route. Sie werden sehen, dass es Ihnen diesmal leichter fällt, achtsamer durch die Welt zu gehen, da so viel Neues um Sie herum ist. Dadurch üben Sie Achtsamkeit generell, also auch für eingefahrene Gewohnheiten und wenn Sie wieder Ihren alten Weg nehmen.

Schritt 4: Achten Sie nach dem gelungenen Experiment darauf, wie es Ihnen mit Veränderungen geht. Empfinden Sie die Abweichung von der Routine eher als angenehm oder als unangenehm? Belebend oder beunruhigend? Lästig oder erleichternd? Wenn Sie diese Gefühlskomponente in die Übung miteinbeziehen, lernen Sie sich mit der Zeit selbst immer besser kennen.

Schritt 5: Ändern Sie über einen bestimmten Zeitraum hinweg jeden Tag eine Ihrer Gewohnheiten. Besuchen Sie zum Beispiel in der Mittagspause ein unbekanntes Lokal. Setzten Sie sich und sehen Sie sich genau um. Nehmen Sie die Eindrücke wahr, als wollten Sie später eine Reportage schreiben – natürlich wie immer, ohne zu werten.

Sie können kleine Gewohnheiten variieren oder sich auf große Veränderungen einlassen.

- Wenn Sie lieber klein anfangen wollen, können Sie erst einmal Mini-Änderungen ausprobieren. Also zum Beispiel morgens Tee statt Kaffee trinken, den Fahrstuhl statt der Treppe benutzen.
- Investieren Sie aber auch ruhig mehr Zeit für größere Schritte: Gehen Sie in ein Geschäft, das Sie normalerweise nie betreten würden – eine schicke Boutique oder einen Secondhand-Laden. Probieren Sie Sachen, die Sie nie anziehen würden – elegante, sportliche … Kochen Sie außergewöhnliche Speisen.
- Sie können auch Verhaltensweisen variieren: Wenn Sie immer alles schnell erledigen, lassen Sie sich Zeit, umgekehrt drücken Sie mal so richtig aufs Gas.

Wie geht es Ihnen mit den Veränderungen? *Wollen Sie das Neue beibehalten und zur Gewohnheit werden lassen oder doch lieber zum Altbewährten zurückkehren? Oder haben Sie etwa gar Geschmack an dauerhafter Abwechslung gefunden?* ·

VISUALISIERUNGEN

Visualisieren bedeutet, sich etwas bildhaft vorzustellen – eine Situation, einen Gegenstand, eine Person. Diese Methode wird in Medizin und Psychotherapie erfolgreich zu Heilzwecken eingesetzt.

Anders als im Traum oder in der Hypnose können wir innere Bilder bei Visualisierungsübungen bewusst hervorrufen, steuern – und sie uns dadurch zunutze machen. Somit unterscheiden sie sich auch von der Bilderflut, die automatisch und unkontrolliert in unserem Gehirn abläuft, ähnlich unserem Gedankenkarussell (siehe Übung 5). Visualisierung, auch Imagination genannt, ist eine Methode, durch die Sie sehr hilfreiche Bilder vor Ihrem geistigen Auge entstehen lassen können.

Bei den folgenden Übungen werden Sie die Bilder, die Sie aus Ihrem Inneren aufsteigen lassen, ruhig und aufmerksam anschauen, sollten dabei aber nicht werten. Nur wenn Sie das, was Sie sehen und die Gefühle und Empfindungen, die damit verbunden sind, wertfrei annehmen, können die Bilder eine heilsame Wirkung entfalten – egal ob es nun um Entspannung in einer stressigen Situation geht oder darum, mit Ihrem Unterbewusstsein, Ihrer Vergangenheit oder Ihrer inneren Stimme in Kontakt zu treten.

9 BERGMEDITATION

Das bringst's:
Innere Ruhe und Selbstbewusstsein

Stellen Sie sich vor, Sie wären ein Berg. Das ist gar
nicht so schwierig und fühlt sich überraschend
gut an – oft noch den ganzen Tag lang.

Ein Berg vermittelt ein Bild von Stärke und von
Geerdetsein: Er hat eine feste, breite Basis, steht
aufrecht und trägt seinen Gipfel in der klaren Luft.
Er steht also »mit beiden Beinen fest auf dem
Boden« und gleichzeitig ein wenig »über den
Dingen«. Und – um ihn zu erschüttern oder zu
zerstören, müsste schon ein Erdbeben oder ein
Vulkanausbruch geschehen.

Aus dieser Meditationsübung können Sie etwas
von der Stärke des Berges mit in Ihren Alltag
nehmen. Das verschafft Ihnen innere Ruhe, auch
wenn Ihnen der Wind mal wieder kräftiger ins
Gesicht blasen sollte.

Die Übung lädt Sie aber auch ein, Details »Ihres«
Berges anzuschauen. Dadurch können Sie sich
selbst besser kennenlernen, und Sie gewinnen
langfristig an Selbstbewusstheit und Selbstsicher-
heit und damit an innerer Stärke.

Schritt 1: Nehmen Sie Ihre Meditationshaltung ein. Mit geschlossenen Augen fällt Ihnen die Übung – wie alle Visualisierungen – vor allem am Anfang vermutlich leichter. Richten Sie nun Ihre Aufmerksamkeit für kurze Zeit auf Ihre Atmung.

Schritt 2: Lassen Sie das Bild eines Berges vor Ihrem inneren Auge entstehen. Es muss kein Berg sein, den Sie kennen, kann es aber. Versuchen Sie, den schönsten Berg vor sich zu sehen, der Ihnen einfällt oder den sie sich vorstellen können. Schauen Sie ihn dann genau an: Ist er hoch und spitz, oder hat er eher einen breiten, lang gezogenen Rücken? Überziehen ihn schroffe Felsen oder sanfte Hügel?

Schritt 2: Nun stellen Sie sich vor, wie Sie sich in diesen Berg verwandeln. Ihr Körper wird schwer und ruhig. Sie sitzen gut geerdet auf Ihrem Platz.

Schritt 3: Sie – als Berg – erleben nun vor Ihrem inneren Auge alle Jahreszeiten. Im Frühling breitet sich ein leuchtendes Grün auf den Hängen aus. Vielleicht werden Kühe oder Ziegen auf die Weiden heraufgetrieben. Im Sommer strahlen bunte Blumen auf den Wiesen. Dann kommt der Herbst, Wind und Regen peitschen über die Felswände. Und im Winter sind die Hänge von Schnee und

Eis bedeckt. Wie immer Ihre Jahreszeiten aussehen, versuchen Sie diese möglichst genau zu betrachten und zu spüren, und fühlen Sie, was Ihnen – als Berg – am liebsten ist. Wenn die Sonne Sie wärmt? Wenn Regen auf Sie niederprasselt? Wenn Nebel Sie verhüllt?

Schritt 4: Spüren Sie nun wieder die große Ruhe des Berges in sich. Nichts kann ihn aus der Bahn werfen, er überdauert alle Zeit. Haben seine Wände Scharten, Schluchten und Geheimnisse? Spielen Kinder fröhlich auf seinen Hängen? Gibt es Tiere? Egal was geschieht, dem Berg selbst ist es einerlei, was andere von ihm halten. Er ist, wie er ist.

Schritt 5: Atmen Sie tief ein, dann lassen Sie den Atem ausströmen. Öffnen Sie langsam die Augen. Versuchen Sie, Stärke und Ruhe des Berges mit in Ihren Tag zu nehmen. So wie das Wetter nicht den Berg beunruhigt, halten auch Sie dem Sturm der Eindrücke und Emotionen stand.

Mal so, mal anders
Machen Sie die Übung möglichst öfter. Es kann sein, dass immer derselbe Berg vor Ihren Augen entsteht, je nach Stimmung und Situation kann er aber auch in anderer Gestalt erscheinen. Das ist völlig in Ordnung so.

10 STRANDMEDITATION

Das bringt's: Entspannung

Diese Visualisierungsübung wirkt effektiv gegen Stress und Alltagsfrust – Dank Ihres inneren Urlaubsortes, an dem Sie sich entspannen können.

Unser Alltagsleben findet häufig im Spagat zwischen Beruf und Privatleben statt, wobei ein Bereich alleine oft schon recht hohe Ansprüche an uns stellen kann. Kein Wunder, dass viele unserer Tage durchgeplant und durchrationalisiert sind. Fantasie und Vorstellungskraft werden da meist klein geschrieben. Dabei können wir uns mit ihrer Hilfe das Leben erleichtern und zum Beispiel in dieser Übung einen Kurzurlaub für die Seele einschieben. So gewinnen wir einen erholsamen Abstand zur momentanen Situation und üben gleichzeitig, insgesamt mehr Distanz zur stressigen Wirklichkeit zu halten und uns nicht von ihr »auffressen« zu lassen.

Schritt 1: Sie können die Meditation im Sitzen oder Liegen ausführen. Wenn möglich, schließen Sie die Augen. Holen Sie tief Luft und lassen Sie den Atem langsam wieder ausströmen.

Schritt 2: Stellen Sie sich nun vor, Sie sitzen am Strand. Es kann einer sein, an dem Sie schon einmal Urlaub gemacht und sich wohlgefühlt haben. Sie können aber auch einen Strand wählen, den Sie nur von Fotos kennen, oder einfach einen schönen Fantasiestrand. Das Bild in Ihrer Vorstellung sollte möglichst angenehm und positiv sein. Nehmen Sie also keinen emotional negativ besetzten Ort, etwa den Strand, an dem Sie den letzten Urlaub vor Ihrer Trennung verbracht haben.

Schritt 3: Nehmen Sie den Strand möglichst genau und mit vielen Details wahr.

- Es ist warm, die Sonne scheint – und Sie können sich gut entspannen. Das Meer rauscht beruhigend. Kleine Wellen schlagen in einem langsamen Rhythmus ans Ufer. Sie sitzen oder liegen im Halbschatten. Eine sanfte Brise weht vom Wasser her und bringt einen Hauch Kühle mit sich. Sie sind vollkommen bei sich und zufrieden. Sie streifen mit Ihren Fingern über den warmen, feinen Sand.
- Sehen Sie sich um. Ist der Strand menschenleer, und Sie haben ihn für sich? Oder sind noch andere Besucher hier? Spielen Kinder im Wasser, können Sie weiter draußen Surfer und Segelboote ausmachen? Sehen Sie in einiger Entfernung Felsen oder Klippen? Stehen land-

einwärts, Büsche, Pinien oder Palmen? Und nicht zu vergessen: Wie riecht es? Nach Algen, nach Salz, nach Sonnencreme?

Schritt 4: Legen Sie im Geiste etwas in Ihre Hand – eine Muschel, einen glatt geschliffenen Stein – irgendetwas, das Sie gern mitnehmen möchten. Lauschen Sie noch einmal dem beruhigenden Rauschen der Wellen und kommen Sie langsam mit Ihrem geistigen Souvenir im Gepäck in Ihren Alltag zurück.

In der Fantasie ist alles möglich
Selbstverständlich müssen Sie Ihre Reise nicht unbedingt an einen Meeresstrand machen. Sie können auch am Fluss- oder Seeufer sitzen, auf Gras oder Kieselsteinen. Wasser – sanft fließend oder leise plätschernd – wirkt in jedem Fall beruhigend.
Wenn Sie wieder an Ihren inneren Urlaubsort zurückkehren, können Sie ihn auch verändern: Lassen Sie Wolken aufziehen, wenn es Ihnen zu heiß wird, trinken Sie kühles Wasser, um sich zu erfrischen… Und falls Sie einmal nicht gleich »losfahren« können, denken Sie an Ihr Mitbringsel, das Sie mit dem Platz verbinden – auch das kann schon entspannend wirken.

11 ADLERMEDITATION

Das bringt's: Überblick und Abstand

Oft sieht man im Alltag den Wald vor lauter Bäumen nicht. Da hilft es, auf Distanz zu gehen und das Ganze einmal von oben zu betrachten.

Der Adler ist ein altes Machtsymbol von Göttern und Herrschern. Als »König der Lüfte« steht er für Ausdauer und Kraft, Eleganz und Schnelligkeit. Aus großer Höhe hat er einen guten Überblick, kann aber mit seinen scharfen Adleraugen auch eine kleine Maus erkennen. Nicht zuletzt sehen wir Menschen in ihm auch ein Symbol der Freiheit. Warum also nicht all diese Eigenschaften durch eine Visualisierungsübung für sich nutzen? Mit dieser Meditation lernen Sie Abstand zu gewinnen und schärfen Ihren Blick für das Ganze ebenso wie für das Detail. Und nicht zuletzt können Sie hier eine ungeahnte Unabhängigkeit genießen.

Schritt 1: Nehmen Sie Ihre Meditationshaltung ein und schließen Sie, wenn möglich, Ihre Augen. In Ihrer Vorstellung werden Sie nun zu einem Adler. Sie breiten Ihre Flügel aus und schweben mit Leichtigkeit hoch über dem Land.

Schritt 2: Spüren Sie den Aufwind, der Sie trägt, die frische Luft, die um Ihren Kopf und Ihren Körper weht. Mit einem kräftigen Flügelschlag verleihen Sie sich Schwung und fliegen weiter, immer weiter … mühelos gleiten Sie dahin. Sie durchschneiden die Luft und ziehen große Kreise.

Schritt 3: Weit unter sich sehen Sie nun Straßen und Felder, Menschen und Wälder. Autos und Häuser sind klein wie Spielzeug. Sie können auch einige Tiere erkennen, Kühe auf ihren Weiden, Schafe, Hunde an der Leine. Ein Hund schaut zu Ihnen hoch und bellt. Einige Kinder, die miteinander spielen, bleiben stehen und zeigen zu Ihnen in den Himmel. Sie legen die Köpfe in den Nacken und schauen Ihnen voller Bewunderung nach. Sie genießen diese Neugierde und Faszination. Und Sie freuen sich auch selbst an der Eleganz Ihres Fluges, an der perfekt für das Fliegen gemachten Form Ihres Körpers, an Ihrer Kraft und Ausdauer. Sie lächeln.

Schritt 4: Sie fliegen weiter, immer weiter, wohin Sie wollen – schwerelos, grenzenlos. Unter sich sehen Sie die Welt. Am Horizont zeichnet sich das Meer ab, ein blauer Streifen. Schauen Sie zur anderen Seite, sehen Sie dort hinter einem diesigen Wolkenband die Umrisse der Berge. Wenn Sie etwas entdecken, das Sie interessiert, verringern Sie Ihre Flughöhe und sehen es sich aus sicherer Distanz genauer an. Sie umkreisen das Objekt, betrachten es von allen Seiten, bis Sie wissen, was es zu wissen gibt.

Schritt 4: Wenn Sie zufrieden sind und alles gesehen haben, ändern Sie die Richtung und fliegen davon. Sie erreichen einen Wald, suchen sich einen sicheren Platz auf einem hohen Baum und landen auf einem Ast. Mit einem tiefen Atemzug legen Sie zufrieden die Flügel an und kommen zur Ruhe. Sie können spüren, wie Ihr Blutkreislauf sich verlangsamt. Sie sind in Sicherheit. Ihre Schwingen schmiegen sich an Ihren Oberkörper wie in einer Umarmung. Atmen Sie einmal tief ein, dann wieder aus. Strecken Sie sich, und kommen Sie wieder zurück in die normale Alltagswelt.

Die Weisheit des Adlers nutzen

In vielen Kulturen ist der Adler der Vogel der Weisheit. Wenn Sie Rat suchen, ergänzen Sie die Meditation durch eine Szene, in der der Adler landet und Ihnen im Schnabel einen Brief überbringt. Wechseln Sie die Perspektive und lassen Sie den Adler davonfliegen. Lesen Sie dann den Brief – er wird genau die Worte enthalten, die Ihnen weiterhelfen (ähnlich wie in der Übung 16).

12 LICHTMEDITATION

Das bringt's: Vitalität und Energie

Es werde Licht – mit dieser Visualisierungsübung
ziehen Sie einen leuchtenden Kreis um sich herum,
der Ihren persönlichen Schutzraum markiert.

Licht wird heute in verschiedener Hinsicht zu
Heilzwecken eingesetzt, beispielsweise bei Depressionen, Schlafstörungen und Hautkrankheiten.
Aber auch als gesunder Mensch können Sie die
Kraft des Lichts für sich nutzbar machen: Lichtmeditationen wirken energetisierend, vitalisierend
und schützend. Sie sind vor allem sinnvoll in Zeiten, in denen Sie stark gefordert und dadurch vielleicht anfälliger sind als sonst
Licht dient aber auch spirituellen Zwecken und
kann Sie in einen Bewusstseinszustand versetzen,
der die Verbindung zu einer göttlichen Größe
oder einem höheren Selbst herstellt.

Schritt 1: Da Sie bei dieser Meditation – zumindest die ersten Male – Ihre Hände zu Hilfe nehmen, eignet sie sich besser für zu Hause. Auf jeden
Fall sollten Sie sich einen Platz suchen, an dem Sie
ungestört und unbeobachtet sind.

Schritt 2: Setzen oder stellen Sie sich aufrecht hin, den Rücken entspannt gerade, die Schultern locker, die Arme hängen nach unten. Atmen Sie tief ein, dann langsam wieder aus und schließen Sie die Augen. Legen Sie nun Ihren Daumen locker gegen die Spitzen von Zeige- und Mittelfinger. Strecken Sie Ihre Arme in die Höhe über Ihren Kopf, sodass sich die Fingerspitzen beider Hände beinahe berühren.

Schritt 3: Während Sie ausatmen, lassen Sie nun Ihre Arme in einem weiten Bogen sinken. Visualisieren Sie, wie Ihre Fingerspitzen einen glitzernden Lichtkreis um Sie ziehen, der bis unter Ihre Füße reicht. Er bleibt in der Luft stehen und bildet eine Art funkelnde Schutzlinie. Stellen Sie sich vor, wie der Kreis, genauer gesagt die Ellipse, Sie vor schlechten Energien aller Art – Ansteckung, Ärger, Stress – schützt.

Schritt 4: Wiederholen Sie die Übung mindestens dreimal, und atmen Sie dabei immer möglichst langsam aus.

Schritt 5: Öffnen Sie Ihre Augen, bleiben Sie sich aber Ihrer funkelnden Schutzhülle bewusst. Rufen Sie sich das Bild, wie Sie in Ihrem Lichtkreis stehen, tagsüber immer mal wieder ins Gedächtnis.

Viel hilft viel?

Bei dieser Übung habe ich die Erfahrung gemacht, dass ein stärkeres Kraftfeld entsteht, wenn ich sie öfter am Tag durchführe und/oder öfter als dreimal wiederhole. In der Erkältungszeit oder in belastenden Situationen halte ich zweimal am Tag je fünf bis sieben Wiederholungen für empfehlenswert. Auch wenn Sie aufgeregt sind, etwa vor Präsentationen, Prüfungen oder Auftritten, können Sie mithilfe dieser Lichtkreisübung Ihre Kräfte bündeln.

Variationen mit Licht

- Manche Menschen stellen sich nicht nur einen Lichtkreis vor, der sie umgibt, sondern lassen aus ihm ein großes Ei, gefüllt mit hellem, kraftspendenden Licht, um sich herum entstehen. Probieren Sie aus, was Ihnen persönlich leichter fällt oder besser hilft.
- Es muss nicht unbedingt weißes Licht sein, Sie können auch mit Lichtfarben arbeiten. Wechseln Sie die Farbe aber nicht während der Übung. Vertrauen Sie auf Ihr Unterbewusstsein und lassen Sie sich von der Lichtfarbe einhüllen und umgeben, die ganz von allein entsteht. Zum Thema Farben siehe auch die Übungen 4 und 13.
- Vielleicht gelingt es Ihnen, die Übung nur im Geiste auszuführen – dann können Sie dabei auch in der Bahn oder im Großraumbüro sitzen.

13 CHAKRAMEDITATION

Das bringt's: Frische Energie

Für diese Übung nutzen wir die Wirkung von Farben,
um neue Kraft zu tanken und verbrauchte Energie
wieder loszuwerden.

Ein Moment der Besinnung, kombiniert mit einer
einfachen Atemübung und der Hilfe von Farben,
wirkt Wunder. Sie können mit dieser Übung Ihren
Energielevel aufrechterhalten oder sie anwenden,
wenn Sie sich müde und antriebslos fühlen.

Schritt 1: Nehmen Sie Ihre Meditationshaltung im
Sitzen oder Liegen ein. Holen Sie nun tief Luft
und lassen Sie Ihren Atem langsam ausströmen.
Noch einmal. Seufzen Sie, entweder innerlich,
oder – wenn Sie ungestört sind – auch laut. Atmen
Sie noch einmal tief ein und wieder aus.

Schritt 2: Konzentrieren Sie sich auf Ihren Atem
und beobachten Sie ihn aufmerksam. Dabei geht es
nicht darum, den Rhythmus zu beeinflussen. Ihr
Atem fließt ganz von allein. Spüren Sie, wie die Luft
durch Ihre Nase in Ihren Körper hineinströmt und
wie sich Ihr Bauch weitet. Stellen Sie sich vor, dass

die Luft, die Sie einatmen, sich bis in die Finger- und Zehenspitzen hinein ausbreitet.

Schritt 3: Lassen Sie nun Ihren Atem beim Einatmen eine Farbe annehmen. Sie kann von einem gleißenden, strahlenden Weiß sein. Oft sind es Rot-, Gelb oder Grüntöne, auch Blau und Violett sind möglich. Dunkle Farben wie Braun oder Grau erscheinen selten beim Einatmen. Manchmal sind die Farben beinahe pastellig, meist entsteht jedoch spontan eine starke, leuchtende Nuance. Atmen Sie einige Male ein und aus und vertrauen Sie darauf, dass Ihr Unterbewusstsein die für diesen Augenblick genau richtige Farbe auswählt. Schauen Sie, wie Ihr farbiger Atem sich bei jedem Atemzug in Ihrem Körper verteilt, von den Zehen bis unter die Kopfhaut.

Schritt 4: Beginnen Sie nun auch, die Ausatmung zu färben. Stellen Sie sich vor, dass Sie damit verbrauchte Energie abgeben – und warten Sie ab, welche Farbe Ihr Unterbewusstsein Ihrem Atem verleiht. Meist ist es Grau, Braun, Braunrot, Dunkelgrau oder sogar Schwarz. Versuchen Sie nicht, die Farbe zu beeinflussen, folgen Sie einfach dem Bild, dass sich von allein aufbaut. Stellen Sie sich vor, wie Sie mit jedem Atemzyklus neue Energie aufnehmen und verbrauchte Energie abgeben.

Führen Sie die Meditation, wenn das farbige Atmen gut klappt, noch etwa zehn Atemzüge lang weiter durch.

Schritt 5: Holen Sie zum Abschluss tief Luft, lassen Sie sie langsam ausströmen, und öffnen Sie die Augen. Versuchen Sie zu erspüren, wie und wo sich Ihr Körpergefühl verändert hat.

Die sieben Energiezentren

Den sieben Energiezentren im Körper werden üblicherweise Farben zugeordnet. Sehr häufig passen die Farbtöne, die Ihr Geist für den kräftigenden Atem wählt, zu einem dieser Energiezentren beziehungsweise Chakren (siehe Seite 11).

- Wurzelchakra, zwischen Anus und Genitalien auf Steißbeinhöhe – Rot
- Sakralchakra, unter dem Bauchnabel – Orange
- Solarplexus, unterhalb des Brustbeins – Gelb
- Herzchakra, in der Mitte der Brust – Hellgrün
- Hals-/Kehlkopfchakra, am Kehlkopf – Blau
- Stirnchakra, zwischen den Augenbrauen – dunkles Violett
- Kronenchakra, am Scheitelpunkt des Kopfes – strahlendes Weiß

Wenn Ihre Atemfarbe zu einem der Energiezentren passt, lenken Sie den Atem im Geiste dorthin. So stärken Sie dieses Chakra.

14 INNERES-KIND-MEDITATION

Das bringt's: Persönlichkeit und Selbstliebe

In Krisen werden wir leicht »kindisch« – wir
weinen, schreien, werfen mit Gegenständen ... Warum?
Weil unser »inneres Kind« Angst bekommt.
Wir sollten ihm deshalb zuhören!

Die Arbeit mit dem inneren Kind ist ein psycho-
therapeutischer Ansatz, bei dem es darum geht,
alte Wunden zu heilen und untaugliche Wertvor-
stellungen zu erkennen und abzulegen. Vor allem
aber können wir uns dadurch zu einer selbstverantwortlichen Persönlichkeit entwickeln sowie
einen liebevollen Umgang mit uns selbst und anderen erlernen und üben.
Es ist ratsam, die Übung in einem geschützten
Umfeld auszuführen. Denn die meisten Menschen
werden sehr emotional, wenn sie zum ersten Mal
ihrem inneren Kind begegnen. Das ist gut so –
kann aber in der U-Bahn oder der Kantine für
unerwünschte Aufmerksamkeit sorgen.

Schritt 1: Atmen Sie mehrmals tief ein und langsam wieder aus. Spüren Sie, wie sich frische Energie in Ihnen ausbreitet.

Schritt 2: **Nun stellen Sie sich vor, dass neben Ihnen ein Kind Platz nimmt. Ein Mädchen bei einer Frau, ein Junge bei einem Mann. Das Kind sitzt wie Sie auf einer Parkbank, einem Sofa oder auf dem Rasen. Wenn nötig, erscheint mit dem Kind eine zweite Sitzmöglichkeit. Sie können das Kind aus einiger Entfernung herankommen lassen wie einen Spaziergänger. Oder Sie schauen einfach einen Augenblick weg, und auf einmal sitzt es da. Dieses Kind sind Sie. Dabei ist nicht entscheidend, dass das Kind so aussieht, wie Sie in Ihrer Kindheit. Es geht vielmehr darum, dass sich das Kind so fühlt, wie Sie sich als Kind gefühlt haben.**

Schritt 3: **Wie alt ist Ihr Kinder-Ich? Meist wählt unser Unterbewusstsein genau das richtige Alter aus. Wenn Sie jedoch das Gefühl haben, es passt nicht. Dann haben Sie vermutlich auf eine foto-realistische Erinnerung zurückgegriffen oder auf das Bild Ihrer letzten Inneres-Kind-Meditation, das nicht genau zu diesem Tag passt. Machen Sie das Kind jünger oder älter.**

Schritt 4: **Lassen Sie das Kind – wie Sie selbst es tun – nach vorne schauen. Sie sehen einander nicht an, sondern Sie sitzen nebeneinander und schauen in dieselbe Richtung. Genießen Sie eine Weile das Zusammensein.**

Schritt 5: Versuchen Sie nun, dem Kind liebevoll Ihren Arm um die Schultern zu legen. Auch wenn Sie dabei Trauer oder Wut verspüren, ist das völlig in Ordnung. Es zeigt, dass die Kontaktaufnahme gelungen ist.

Schritt 6: Nun versuchen Sie zu erspüren, was Ihr inneres Kind braucht, was ihm fehlt. Häufig sind das Schutz und Anerkennung. Führen Sie das Kind an einen sicheren Ort, an den es jederzeit zurückkehren kann, oder halten Sie es fest im Arm, um ihm zu geben, was es braucht.

Schritt 7: Am Ende lächeln Sie dem Kind zu, bedanken und verabschieden sich. Atmen Sie tief durch und kehren Sie in Ihren Alltag zurück.

Schutz für die Kinderseele

Eine Meditation mit dem inneren Kind kann auf keinen Fall eine psychotherapeutische Behandlung ersetzen. Menschen, die in ihrer Kindheit schwere Traumata erlebt haben, dürfen eine solche Übung nicht ohne professionelle Begleitung machen. Falls Sie selbst während der Meditation das Gefühl bekommen, sich zu überfordern, steigen Sie aus und konzentrieren sich wieder auf Ihre Atmung. Vielleicht wollen Sie es später im Rahmen einer Therapie noch mal versuchen.

15 AUFLÖSUNGSMEDITATION

Das bringt's: Grundvertrauen

Bei dieser Meditationsübung verschmelzen Sie
bewusst mit der Welt und verschaffen sich so ein
Gefühl tiefer Verbundenheit.

Diese Meditation kann zu tiefer Ruhe verhelfen.
Denn wenn Sie regelmäßig üben, stärkt sie Ihr
Vertrauen in die Welt. Mit einem solchen Grundvertrauen und Verbundenheitsgefühl gehen Sie
sicherer durch Ihr Leben. Sollten Sie während der
Übung jedoch ein deutliches Unwohlsein oder
Angst verspüren – das kann vorkommen –, dann
stellen Sie das Visualisieren ein, konzentrieren
sich auf Ihre Atmung und gehen langsam wieder
aus der Meditation heraus.

Schritt 1: Liegend und mit geschlossenen Augen
klappt die Übung meiner Erfahrung nach am
besten. Stellen Sie sich einen Wecker für den Fall,
dass Sie einschlafen sollten.

Schritt 2: Am Anfang konzentrieren Sie sich ein
paar Augenblicke lang auf Ihre Atmung, dann verschieben Sie die Aufmerksamkeit auf den Körper.

- Mit welchen Körperteilen berühren Sie den Untergrund, auf dem Sie liegen? Spüren Sie genau hin – mit dem Kopf, den Schulterblättern, dem Po, den Oberschenkeln und Waden, den Fersen. Stellen Sie sich vor, wie Sie von der Erde getragen werden.
- An welchen Stellen sind Sie angespannt? Vielleicht im Schultergürtel oder in den Waden? Versuchen Sie, die Verspannung mit jedem Atemzug ein wenig mehr zu lösen.

Schritt 3: Schließen Sie nun die Augen, wenn Sie möchten. Stellen Sie sich vor, wie sich nach und nach alles um Sie herum auflöst.

- Lassen Sie die Farben und Umrisse immer undeutlicher werden. Das geschieht so langsam, dass es anfangs kaum zu bemerken ist, nur wenn man sehr genau hinsieht. Dann scheint eine Art Flirren in der Luft zu liegen, wie die Unschärfe, die im Sommer durch die warme aufsteigende Luft entsteht. Alles um Sie herum wird heller, transparenter und verschwimmt immer mehr mit dem Hintergrund, bis nur noch Ihr Körper übrig bleibt.
- Ihr Körper wird immer schwerer. Mit jedem Atemzug geben Sie etwas mehr Verantwortung ab und sinken tiefer in den Boden. Spüren Sie die große Ruhe, die dadurch entsteht und sich

bis in die äußersten Regionen Ihres Körpers erstreckt, bis in die Zehen und Finger und Haare, und zugleich bis in seine tiefsten Tiefen, das Herz, den Brustraum, das Becken.

Schritt 4: Nun beginnen auch Sie, sich aufzulösen. Die Grenze zwischen Ihrer Haut und der Sie umgebenden Luft wird unscharf, als würden Partikel sich vermischen und eins werden. Ihr Körper hat seine größtmögliche Schwere erreicht und wird nun immer leichter, bis er schließlich gar nicht mehr existiert. Versuchen Sie, sich selbst als ein helles Strahlen zu empfinden, das sich ausbreitet und vereint mit den Energien all der anderen Dinge und Wesen um Sie herum, die sich bereits aufgelöst haben.

Schritt 5: In diesem Schwebezustand zwischen Sein und Ewigkeit, baden Sie, solange es Ihnen angenehm ist (oder bis der Wecker piepst).

Schritt 6: Zum Schluss nehmen Sie einen sehr, sehr tiefen Atemzug, lassen die Luft ausströmen und beobachten vor Ihrem geistigen Auge, wie sich Ihr Körper und alles um Sie herum im Nu wieder materialisiert. Diesen Schritt zum Beenden der Meditation sollten Sie unbedingt einhalten, damit sie ganz und gar wieder im Alltag ankommen.

16 RATGEBERMEDITATION

Das bringt's: Klare Entscheidungen

Jeder kennt das. Man plagt sich ewig mit einem Problem herum und denkt hinterher, das hätte man früher und schneller lösen können.

Leider hören wir oft nicht auf unsere innere Stimme – auch wenn wir im Grunde oft wissen, was zu tun ist. Das soll nicht heißen, es wäre erstrebenswert, jedem Impuls Folge zu leisten. Aber auf seine Instinkte zu achten, zahlt sich aus. Wenn Sie also gerade vor einer wichtigen Entscheidung stehen oder wenn Sie Ihre Entscheidungssicherheit trainieren wollen, dann kann Ihnen diese Übung dabei helfen.

Schritt 1: Nehmen Sie Ihre Meditationshaltung ein und konzentrieren Sie sich für kurze Zeit auf Ihre Atmung. Atmen Sie ein, atmen Sie aus.

Schritt 2: Stellen Sie sich nun vor, an einem Ort zu sein, der Ihnen angenehm und vertraut ist. Vielleicht eine Waldlichtung oder ein kleiner Tempel. Sie können aber auch im Geiste an dem Ort bleiben, an dem Sie sich gerade befinden.

Schritt 3: Sobald Sie sich an Ihrem Ort eingerichtet haben, nähert sich Ihnen aus einiger Entfernung ein Wesen. Es kann ein Mensch sein, ein Tier oder auch eine andere Gestalt. In jedem Fall handelt es sich um einen weisen Ratgeber. Sie können sich vorstellen, dass es Jesus oder Buddha ist, Ihre Großmutter oder eine Person aus Ihrer Vergangenheit, der Sie voll und ganz vertraut haben. In meiner Fantasie taucht meist nur ein glitzerndes, funkelndes Flirren auf, erfüllt von einem hellen Schein. Andere berichten von Tieren: Schildkröten, Delfinen, sprechenden Katzen.

Das Wesen kommt näher und bleibt schließlich vor Ihnen stehen. Es betrachtet Sie mit einem freundlichen Lächeln und in liebevoller Güte.

Schritt 3: Nun können Sie dieses Wesen um Rat fragen. Sollten Sie Ihr Problem aber gar nicht genau beschreiben können, warten Sie einfach ab. Ihr weiser Ratgeber wird zu sprechen beginnen. Seine Stimme ist ruhig und gelassen. Er gibt Ihnen in einfachen Worten genau den Rat, den Sie benötigen. In manchen Fällen sind die Ratschläge erstaunlich präzise. In anderen eher allgemein und nicht gleich zu deuten. Vertrauen Sie Ihrem Unterbewusstsein und nehmen Sie die Worte als gutgemeinten Vorschlag an. Sollte der Weise nichts sagen – auch kein Problem. Genießen Sie einfach seine beruhigende Anwesenheit.

Schritt 4: Jetzt überreicht Ihnen das Wesen einen Gegenstand als symbolisches Geschenk. Wenn sich Ihnen dessen Bedeutung nicht gleich erschließt, drehen sie ihn um – auf der Rückseite oder Unterseite steht geschrieben, wozu er gut ist. Vielleicht fügt auch Ihr innerer Ratgeber noch eine Erklärung hinzu.

Schritt 5: Schließlich bedanken Sie sich bei Ihrem Besucher und verabschieden sich von ihm. Das Wesen entfernt sich, und Sie sind wieder allein. Das beruhigende Wissen, was zu tun ist, verbleibt jedoch bei Ihnen. Atmen Sie tief ein und wieder aus, und kehren Sie zurück in die Wirklichkeit.

Erst einmal abwarten

Setzen Sie sich nicht gleich bewusst mit dem erhaltenen Ratschlag auseinander, sondern lassen Sie die Schwingungen aus Ihrem Inneren noch einige Zeit ihre Wirkung entfalten und die aktuelle Situation durchdringen. Sie sind nicht aufgefordert, dem Rat zu folgen. Am besten tragen Sie ihn ruhig bei sich und warten ab, was sich daraus ergibt.

UMGANG MIT EMOTIONEN

Unsere Gefühle sind Ausdruck dafür, wie es uns in psychischer Hinsicht geht und auch, mit welcher Einstellung wir durchs Leben gehen. Grund genug, sich näher mit ihnen zu befassen.

Methodisch gibt es keinen Unterschied zwischen Meditationen, die sich um Gefühle drehen, und solchen mit anderen Zielsetzungen. Das Fokussieren – also die Aufmerksamkeit bündeln und auf etwas Bestimmtes richten – spielt wie auch das Visualisieren bei den folgenden Übungen eine entscheidende Rolle.

Wir sollten Gefühlen aber unsere besondere Aufmerksamkeit schenken, weil wir entweder zu viel oder zu wenig auf sie achten: Der eine wird immer wieder von seinen Emotionen überwältigt, der andere erscheint geradezu unterkühlt. Und meistens stehen negative Gefühle – Ärger, Wut, Traurigkeit – im Vordergrund, während wir den positiven eher weniger Raum zugestehen.

Mithilfe von Meditationsübungen können wir lernen, störende Gefühle, die uns das Leben (manchmal unnötig) schwer machen, anzunehmen und loszulassen. Vor allem aber können wir durch Meditation positive Gefühle wie Liebe, Freude oder Mitgefühl in unser Leben hereinziehen, sie pflegen, vergrößern und mit anderen Menschen und der Welt teilen.

17 GEFÜHLSMEDITATION

Das bringt's: Freiheit

Unsere Gefühle haben uns meist fest im Griff. Oft sogar, ohne dass wir es merken. Das muss nicht so sein.

So wie es hilfreich für ein weniger stressreiches Leben ist, seine Gedanken unter Kontrolle zu bringen (siehe Übung 5), so lohnt es sich auch, seine Gefühle bewusst wahrzunehmen, aus etwas Distanz anzuschauen und vorbeiziehen zu lassen. Dadurch sind wir unseren Emotionen nicht mehr hilflos ausgeliefert, sogar dann nicht, wenn sie richtig heftig sind. Wir lernen, Abstand von ihnen zu gewinnen, und verschaffen uns dadurch ein Gefühl innerer Unabhängigkeit und Stärke.

Gefühle sind nur ein Teil von uns

Emotionen können im Zusammenhang mit dem nie versiegenden Gedankenstrom auftauchen, der darum kreist, was wir alles noch nicht getan oder erreicht haben, noch tun oder erreichen müssen. Wir fühlen uns dann vielleicht wertlos, gestresst und nicht liebenswert. Gefühle können aber auch durch eine bestimmte Situation oder Person ausgelöst werden. In jedem Fall neigen wir jedoch dazu, uns voll und ganz mit unseren Gefühlen zu identifizieren. Wir sagen: »Ich bin wütend.« »Ich bin traurig.« »Ich bin verliebt.« – Als würden wir nur durch dieses Gefühl existieren. Das stimmt aber nicht. Gefühle können auch wieder vergehen und wir bleiben trotzdem.

Schritt 1: Nehmen Sie Ihre Meditationshaltung ein und atmen Sie mehrmals tief ein und wieder aus.

Schritt 2: Rufen Sie sich nacheinander verschiedene Gefühle in Erinnerung.

- Denken Sie zurück an das letzte Mal, als Sie sich so richtig geärgert haben! Meine Güte, waren Sie wütend! Rot im Gesicht, der Atem ging schnell, Ihr Blut rauschte in den Ohren!
- Holen Sie tief Luft und lassen Sie sie langsam wieder ausströmen. Stellen Sie sich vor: Mit dem Atem geht das Gefühl.
- Vergegenwärtigen Sie sich nun eine Situation, in der Sie enttäuscht waren, vielleicht sogar traurig. Spüren Sie, wie Ihre Mundwinkel sich nach unten verziehen, Tränen schießen in Ihre Augen, eine dunkle Schwere breitet sich in Ihrem Brustkorb aus.
- Holen Sie erneut tief Luft und atmen Sie langsam das Gefühl wieder aus.

- Nun erinnern Sie sich an einen Moment, in dem Sie glücklich waren. Dabei ist es egal, ob der Anlass groß oder klein war. Es kann eine Feier oder ein beruflicher Erfolg sein oder auch ein einfacher kurzer Glücksmoment auf einer Wiese am Fluss.
- Wieder atmen Sie tief ein, lassen die Luft ausströmen und spüren, wie das Gefühl vergeht.

Schritt 3: Beenden Sie die Meditation.

Anwendung im Alltag

Sie haben gerade drei sehr unterschiedliche Emotionen durchlebt – und Sie haben sich gleichzeitig dabei zugesehen. Das ist das Ziel. Versuchen Sie auch im Alltag, auftauchende Gefühle auf diese Weise wahrzunehmen. Liegen Sie aber nicht auf der Lauer und rufen stolz, »Hab dich!«, wenn der Ärger um die Ecke biegt. Stellen Sie sich lieber vor, am Flussufer zu sitzen, und ab und zu fließt ein Gefühl vorbei. Wenn Sie eines bemerken, benennen Sie es: »Freude«, »Angespanntheit«, »Angst«. Wenn Sie nicht sicher sind, nennen Sie es einfach »Gefühl« und lassen es weiterschwimmen.

Mit der Zeit erlernt man mithilfe dieser Meditation die Fähigkeit, auch in intensiven Momenten ein wenig Abstand zu überwältigenden Emotionen zu entwickeln und an schönen Gefühlen nicht zu kleben.

18 ❦LIEBE WACHSEN LASSEN

Das bringt's: Glücksgefühle

Liebe ist kein Zufallsprodukt. Man kann sie auch
wachsen lassen – zu einem allumfassenden Gefühl.

Wie stellen Sie sich Liebe vor? Gemeint ist bei
dieser Meditationsübung nicht die körperliche
Liebe und auch nicht die Liebe zu einem Partner,
jedenfalls nicht in erster Linie. Ja, auch das ist
Liebe, und auch diese Gefühle können Ausgangs-
punkt der Meditation sein. Einfacher geht es jedoch mit der spontanen, allumfassenden Liebe,
wie wir sie zum Beispiel beim Anblick eines kleinen Kindes empfinden oder auch in einem wun-
dervollen Moment in der Natur. Es geht um jenen
Augenblick, in dem man stöhnen möchte: »Ach ist
das schön, alles ist gut!«

Schritt 1: Nehmen Sie eine entspannte Haltung
ein – im Sitzen oder Liegen –, holen Sie tief Luft
und lassen Sie den Atem ausströmen. Bemühen
Sie sich, möglichst genau wahrzunehmen, wie
sich das Atmen anfühlt. Diese ersten bewussten
Atemzüge öffen Ihnen sozusagen das Tor in Ihre
»Gefühlaufmerksamkeit« hinein.

Schritt 2: Lösen Sie Ihre Aufmerksamkeit von der Atmung und wenden Sie sich dem Gefühl der Liebe zu. Nicht zu jemanden oder zu etwas, sondern dem Gefühl an sich.

- Geben Sie dazu diesem Gefühl eine Form und eine Farbe. Es kann beispielsweise ein rotes Herz sein. Oder eine leuchtend grüne Rasenfläche. Was immer sich gerade heute gut und passend für Sie anfühlt.
- Und nun hegen und pflegen Sie das Gefühl, damit es wachsen kann. Wässern Sie den Rasen, lassen Sie die Sonne darauf scheinen. Halten Sie das Herz in Ihren Armen und lächeln Sie es liebevoll an.
- Was immer Sie in Ihrer Fantasie tun können, um Ihr Bild der Liebe stärker und intensiver und größer werden zu lassen … Sie tun es, gern, mühelos, mit Leichtigkeit.

Schritt 3: Versuchen Sie nun, nicht nur das Bild zu sehen, sondern das Gefühl zu spüren:
Diese Liebe fühlt sich an, als würde die Zeit anhalten. Sie fühlt sich an wie eine warme Decke und zwei weiche Kissen. Sie bringt ein ganz zartes Kribbeln und Flirren mit sich, keine Nervosität, sondern eine Wachheit und Aufmerksamkeit für den Augenblick. Die Liebe erfüllt uns mit der Wucht des genau richtigen Songs im genau rich-

tigen Moment im Radio, die Autofenster herun-
tergekurbelt und die Haare im Wind. Sie passt zu
uns wie unser Lieblingskleid oder die weich getra-
gene Jeans. Die Liebe ist wie ein Marathonlauf –
Herausforderung und deren eigene Befriedigung
zugleich. Sie ist eine milde Brise unter klarem
Himmel in einer warmen Sommernacht. Sie gibt
uns Kraft und Stärke und die Wildheit, zu leben.
Sie wird größer und größer, stärker und leuchten-
der, das Gras strahlt grün, das Herz leuchtet rot,
und sie erfüllt uns von innen und umgibt uns von
außen, sie erstreckt sich bis zum Horizont.

Schritt 4: Spüren und genießen Sie das Lächeln
auf Ihrem Gesicht und beenden Sie die Meditation, indem Sie wieder tief Luft holen, tiefer, noch
tiefer. Halten Sie den Atem einen Moment an,
dann lassen Sie ihn ausströmen. Achten Sie auf die
große Klarheit und Ruhe in Ihrem Innersten.

All you need is love

*Manchmal verlieren wir das Vertrauen in unsere
Liebe, daher gibt es nichts Wichtigeres, als sich
immer wieder an ihr zu freuen, sie zu stärken und
wachsen zu lassen. Unsere Fähigkeit, zu lieben ist
wichtig für ein gutes Leben mit Zufriedenheit und
Glück. Denn: »All You Need Is Love« – wussten
schon die Beatles. Und es stimmt.*

19 DANKBARKEITSMEDITATION

Das bringt's: Gute Laune

Nach Dingen suchen, für die man dankbar sein kann –
wozu? Um den Blick für das Schöne zu schärfen.

Dankbarkeit zu entwickeln – und zum Ausdruck
zu bringen – ist eine traditionelle meditative
Übung mit dem Ziel, uns darauf einzuordnen,
nach dem Guten Ausschau zu halten, nicht nach
dem Schlechten. Dadurch wird das Leben schöner,
leichter und angenehmer. Denn wenn wir uns regelmäßig auf das »kleine Glück« besinnen, rücken
wir den Missmut über schlechtes Wetter oder
unfreundliche Kollegen in die richtige Perspektive
und können uns an den kleinen und großen
Schönheiten des Alltags erfreuen.

Schritt 1: Nehmen Sie Ihre Meditationshaltung im
Sitzen oder Liegen ein. Atmen Sie nun mehrmals
tief ein und wieder aus.

Schritt 2: Konzentrieren Sie sich auf das Gefühl
der Dankbarkeit für diesen Augenblick. Genießen
Sie, dass Sie in Ruhe hier sitzen oder liegen und
atmen. Machen Sie sich bewusst, was schön ist an

diesem Moment. Vielleicht, dass Sie etwas Zeit für sich haben, in der Sie ungestört sind? Oder dass es Ihnen gelingt, sich in der vollbesetzten Bahn auf sich selbst zu besinnen?

Schritt 3: Lächeln Sie, und spüren Sie, wie dieses Lächeln Ihren ganzen Körper erfüllt.

- Bedanken Sie sich nun bei Ihrem Körper dafür, dass er Sie durch den Tag trägt.
- Gibt es einen Körperteil, der besonders große oder gute Leistungen erbringt? Danken Sie ihm – Ihren Füßen, Ihrem Herzen, Ihren Händen, Ihren Augen …
- Danach danken Sie Ihrem Geist dafür, dass er Sie im Alltag unterstützt. Sind Sie vielleicht besonders einfallsreich, nachdenklich oder scharfsinnig? Sagen Sie Ihrem Geist innerlich Dank dafür.
- Nun danken Sie Ihrer Seele und Ihrem Herzen, dass sie immer für Sie da sind. Nehmen Sie sich bewusst vor, weiterhin gut auf sich selbst achtzugeben und gut zu sich zu sein.
- Ist heute etwas geschehen, worauf Sie stolz sind oder worüber Sie sich gefreut haben? Seien Sie dafür dankbar.

Schritt 4: Spüren Sie bei dieser Übungen vielleicht eine Empfindung, die Ihnen angenehm ist?

Wärme, Ruhe, vielleicht ein Strahlen in Ihrem Innersten? Seien Sie auch dafür dankbar. Wenn Sie nichts derartiges spüren, kein Problem. Erzwingen Sie nichts.

Schritt 5: Und nun seien Sie dankbar für alles, was Ihnen nicht gefallen hat, was schief gegangen ist. Damit zeigen Sie, dass Sie sich auch dann wertschätzen, wenn es mal nicht so gut läuft.

Schritt 6: Atmen Sie zum Schluss tief ein, dann lassen Sie den Atem langsam ausströmen. Lächeln Sie noch einmal. Seien Sie dankbar für Ihr Lächeln. Dankbar dafür, dass Sie jetzt gerade hier sind und die Gelegenheit haben, sich in Dankbarkeit zu üben.

Schwierig aber sinnvoll

Dankbar zu sein für etwas, das uns nicht zusagt, ist eine Herausforderung. Hilfreich ist in diesem Zusammenhang, wenn Sie versuchen, der unangenehmen Sache auch einen positiven Aspekt abzugewinnen. Wenn der Dank für Negatives immer noch zu schwierig ist, seien Sie dankbar für eine winzige Randerscheinung, oder dafür, dass Sie eine bestimmte Situation überstanden haben. Oder versuchen Sie, die Lage insgesamt positiv zu beurteilen.

20 VERGEBUNGSMEDITATION

Das bringt's: Inneren Frieden

Ärgern auch Sie sich manchmal über
längst vergangene Dinge? Das lässt sich ändern –
und das tut gut.

Menschen zu vergeben, die uns verletzt haben, ist wahrlich nicht einfach. Wenn wir es aber schaffen, dann wachsen wir über uns selbst hinaus: Statt uns immer weiter in unseren Groll hineinzufressen und üble Rachegedanken zu schmieden, gehen wir den Weg der Versöhnung. Wir wandeln uns vom Opferlamm zum selbstverantwortlichen Gestalter des eigenen Lebens.

Was heißt Vergebung?

Wichtig ist, sich von vornherein klar zu machen: Vergebung bedeutet nicht, gutzuheißen, was geschehen ist! Und es heißt auch nicht, sich wie Jesus noch eine Ohrfeige auf die andere Wange abzuholen. Das Ziel einer Vergebungsübung besteht nur darin, den selbstquälerischen Anteil, der einer Kränkung innewohnt, loszulassen und sich zu befreien, anstatt zu verbittern. So bilden wir uns zu einer starken, souveränen Persönlichkeit.

Vergebung ist aber kein Allheilmittel. Wer schwere Traumata und Misshandlungen erfahren hat, kommt mit dieser Übung allein nicht weiter. In diesem Fall ist professionelle Hilfe gefragt! Bei dieser Übung geht es »nur« um die üblichen Verletzungen, die uns im Leben widerfahren (und die wir auch zufügen), und darum, sich bewusst zu machen, dass alle Menschen handeln, so gut sie können, und jeder immer nur auf seine Weise nach Liebe und Glück strebt.

Schritt 1: Nehmen Sie Ihre Meditationshaltung ein, am besten an einem Platz, an dem Sie ungestört sind (auch vom Telefon).

Schritt 2: Wenden Sie sich im Geiste einem Menschen zu, der Sie verletzt hat – Ihre Chefin hat Sie vor den Kollegen abgekanzelt, Ihr Partner flirtet mit der Nachbarin, Ihr Vater lässt Sie wieder einmal spüren, dass Sie nicht genügend leisten …

Schritt 3: Nehmen Sie nun die Perspektive des Anderen ein und überlegen Sie, wie es kommt, dass er oder sie so handelt – die Firma steckt in Schwierigkeiten und die Chefin ist deshalb nervös, Ihr Partner genießt die Bestätigung, Ihr Vater hat selbst nicht erreicht, was er sich für sich gewünscht hat. Was immer der Grund sein könnte, werten Sie nicht, sagen Sie nicht, »das Miststück« oder »der Versager« . Suchen Sie nach einer neutralen Erklärung. Dadurch verliert Ihr Gegenüber seine Größe und Übermacht und steht (wieder) mit Ihnen auf Augenhöhe.

Schritt 4: Schauen Sie Ihrer Chefin, dem Vater oder dem Partner – im Geiste – in die Augen und sagen Sie: »Ich vergebe dir, ich vergebe dir, ich vergebe dir.«

Schritt 5: Lenken Sie nach diesen Worten Ihre Aufmerksamkeit für kurze Zeit auf Ihre Atmung und beenden Sie die Meditation.

Und wie weiter?

Versuchen Sie nachzuspüren, ob durch die Übung das Gefühl der Kränkung und Verletzung kleiner geworden ist und überlegen Sie: Lohnt es sich, die Sache mit dem anderen zu besprechen – oder nicht? Ist es besser, das eigene Verhalten bei der nächsten Interaktion zu ändern? Oder sollte ich auf ein »nächstes Mal« besser verzichten?
Es gibt Leute, die zucken mit den Achseln, wenn ihr Fahrrad geklaut wird, und sagen: »Das hat eben jemand anders nötiger gebraucht.« Dieser gelassenen Haltung ein Stück näher zu kommen, darin besteht der langfristige Nutzen dieser Übung.

21 WUNSCHMEDITATION

Das bringt's: Zufriedenheit

Immer nur im Hier und Jetzt sein und
dem Atem lauschen? Und was ist mit unseren
Wünschen? Auch die haben Platz im Leben,
und man kann sie sogar stärken.

Die meisten Meditationen beschäftigen sich damit, überhaupt erst einmal wahrzunehmen und dann zu akzeptieren, was jetzt gerade vor sich geht. Wie fühlt sich der Atem an? Wie fühlt sich der Körper an? Was ist im Kopf los?

Aber manchmal ist das, was man jetzt gerade tun will, in die Zukunft gerichtet. Zum Beispiel Urlaubsplanung, Einkaufslisten, die Vorbereitung einer Präsentation. Dann besteht die Kunst darin, die volle Aufmerksamkeit gerade jetzt darauf zu richten, was wir gerade jetzt tun, also die Einkaufsliste schreiben, die Präsentation vorbereiten, Urlaubsdestinationen vergleichen.

Auf dieselbe Weise kann man mit Wünschen umgehen, die wir meist zur Seite schieben, weil es ja scheinbar nichts bringt, sich mit ihnen zu beschäftigen. Es lohnt sich, darauf zu achten, denn auch über Wünsche kann man meditieren.

Darum geht es

Sicher kennen auch Sie Menschen, die immer optimistisch sind, die einfach erwarten, dass alles gut geht – und so kommt es dann auch. Das hat nichts mit Magie zu tun, sondern mit Flexibilität. Solche Menschen kleben nicht an ihren Träumen und sind folglich auch nicht unglücklich, wenn diese sich nicht exakt erfüllen. Auch bei Optimisten geht einiges schief, aber sie grämen sich dann nicht, sehen vielleicht sogar das Gute am Scheitern und gehen neue Wege.

Diese Übung weist Ihnen den Weg zu Ihren wahren Wünschen, Träumen und Hoffnungen sowie zu einem sinnvollen Umgang damit.

Schritt 1: Nehmen Sie Ihre Meditationshaltung ein und lauschen Sie – erstmal – Ihrem Atem: einatmen, ausatmen. Einatmen, ausatmen.

Schritt 2: Was ist – jetzt gerade – Ihr größter Traum? Ein Sportwagen, der Weltfrieden, eine neue Wohnung? Stellen Sie sich den Wunsch ganz genau vor, als wären Sie mittendrin. Sie sitzen am Steuer, Sie genießen eine friedvolle Umgebung, Sie packen Ihre Umzugskisten aus … Lassen Sie die Freude darüber zu und nehmen Sie es, wie es ist. Es spielt keine Rolle, ob Sie etwas »verdient« haben – weil sie es nicht verdienen müssen.

Schritt 3: Nachdem Sie Ihren Wunsch genau angesehen haben, ihn quasi im Geiste erlebt haben, verlassen Sie den Sportwagen, das Friedensfest oder die neue Wohnung. Wie fühlt es sich an, wenn der Wunsch auf diese Weise erfüllt ist? Ist das Verlangen danach kleiner geworden, oder gar verschwunden? Oder sind Sie jetzt erst so richtig auf den Geschmack gekommen? Beschäftigen Sie sich nicht damit, wie es weitergeht. Spüren Sie nur nach, was ist, wie es Ihnen geht.

Schritt 4: Beenden Sie die Meditation, aber nehmen Sie Ihren Wunsch im Herzen mit in den Alltag.

Wirkung und Konsequenzen

Natürlich soll hier nicht so getan werden, als ob man sich Wunscherfüllungen nur vorzustellen braucht, und schon ist man bedürfnislos. Und es ist auch offensichtlich, dass Träume durch Meditation nicht einfach wahr werden. Aber sich die eigenen Wünsche einzugestehen, ihnen Raum zu geben und ihnen ins Gesicht zu sehen – oder notfalls Frieden damit zu schließen, dass etwas nicht möglich ist… das tut gut und beruhigt. Wenn Sie diese Übung regelmäßig durchführen, werden Sie mit der Zeit erkennen, was unwichtig und was wichtig ist. Letzteres sollten Sie dann auch versuchen zu verwirklichen.

22 GELASSENHEITSMEDITATION

Das bringt's: Entspannung

Durch Meditation können wir besser mit Problemen umgehen und sogar gezielt üben, Ruhe zu bewahren.

Grundsätzlich trägt regelmäßiges Meditieren dazu bei, dass wir im Alltag gelassener bleiben. Wir reagieren souveräner, sind umgänglicher und lassen uns nicht so schnell in Konflikte verstricken. Doch manchmal wissen wir schon, dass uns eine schwierige Situation bevorsteht – vielleicht ein Treffen mit dem uneinsichtigen Ex-Mann, eine Besprechung mit dem launenhaften Chef, eine absehbare Konfrontation mit den eigenen Kindern oder den eigenen Eltern. Was dann? Mit dieser Übung können Sie sich mental auf absehbare Konfliktsituationen vorbereiten. Konkret: Sie können schon im Vorfeld liebevolle Gelassenheit üben!

Schritt 1: Nehmen Sie Ihre Meditationshaltung im Sitzen oder im Liegen ein und holen Sie tief Luft. Halten Sie Ihren Atem einen Augenblick an, dann lassen Sie ihn langsam wieder ausströmen. Noch einmal: einatmen, kurz anhalten, ausatmen – einatmen, kurz anhalten, ausatmen.

Schritt 2: Begeben Sie sich nun im Geiste in die zu erwartende Situation oder denken Sie zurück an eine vergleichbare Begegnung in der Vergangenheit. Dabei lassen Sie sich nicht in die aufkommenden Emotionen hineinziehen. Im Augenblick sind Sie nur Beobachter!

- Nehmen Sie die Gefühle wahr, die aufsteigen, und benennen Sie diese. Wut, Angst, Ohnmacht, verletzter Stolz, Demütigung, Schmerz … So intensiv diese Gefühle sein mögen, versuchen Sie, sie wie ein Zuschauer von außen zu sehen.
- Woher kommen die Gefühle? Welche Eigenarten Ihres Gesprächspartners holen sie an die Oberfläche? Stimme, Lautstärke, Unterton, Mimik, Wortwahl?

Schritt 3: Machen Sie sich nun bewusst, dass Sie zumindest theoretisch über die Möglichkeit verfügen, nicht – oder anders – zu reagieren.

- Wenn in Ihrer Szene etwas geschieht, das Ihnen zusetzt, nehmen Sie in Ihrer Vorstellung einen tiefen Atemzug. Ein böses Wort, eine Geste, die Sie als verächtlich empfinden. Tief Luft holen – in der Fantasie.
- Sollte der Gedanke auftauchen, »das schaffe ich in Wirklichkeit sowieso nicht«, nehmen Sie ihn wahr und lassen Sie ihn wieder ziehen.

Ihr Chef, Ihr Ex, Ihr Kind, Ihr Vater oder Ihre Mutter tun oder sagen etwas, das Sie stresst, Ihnen wehtut, Sie verletzt … tief Luft holen. Sonst nichts. Und für diesen Augenblick halten Sie aus, halten Sie stand. Weder geben Sie nach, noch zeigen Sie Widerstand. Sie nehmen einfach nur zur Kenntnis, was ohnehin geschieht.

Schritt 4: Sie können die Meditation nach dem »Standhalten« weiterführen und verschiedene Erwiderungen und Reaktionen visualisieren. Falls diese keinen entschärfenden Beitrag leisten, ändern Sie sie immer wieder. Sie wissen: Mental ist alles möglich. Ziel ist dabei nicht das taktische Durchdenken verschiedener Szenarien, sondern die Erweiterung des eigenen emotionalen Spielraums.

Schritt 5: Nun holen Sie – in der Wirklichkeit – erneut tief Luft, atmen sie langsam aus und beenden die Meditation.

Wenn Sie diese Übung regelmäßig praktizieren, dann werden Sie zukünftig bei schwierigen Begegnungen subtile, aber entscheidende Verhaltensänderungen bei sich feststellen – Sie reagieren nicht mehr so impulsiv und sind nicht gleich auf der Palme, sondern können eine Auseinandersetzung entspannter und mit mehr Gelassenheit führen.

23 GLÜCKSMEDITATION

Das bringt's: Happiness

Viele Erwachsene haben es verlernt, sich von Herzen zu
freuen. Sicherer scheint, dem Frieden nicht zu trauen.
Doch damit bringen wir uns um viel Lebensglück!

Die meisten unserer Gespräche und Interaktionen
drehen sich um Probleme. Was läuft schief? Was
könnten wir besser machen? Was muss getan
werden – und wer tut's? »Hast du schon gehört,
was diesem oder jenem passiert ist?« Das mag evo-
lutionsbiologisch sinnvoll sein, denn relevant für
Überlebensstrategien ist eben nicht der ungefähr-
liche Normalzustand, sondern das besorgnis-
erregende Problem. Aber die ständige Negativität
hinterlässt Spuren: Die Stimmung sinkt, und es
fehlt an Lebensfreude. Wie sehnen wir uns dann
nach Leichtigkeit und Frohsinn, nach dem Gefühl:
Alles ist in Ordnung.
Diese Meditation hilft, in der Fantasie Glücksge-
fühle zu genießen. Denn sich mit anderen zu
freuen, stärkt nicht nur unsere Empathie, es trägt
nach dem Prinzip der »sich selbst erfüllenden
Prophezeiung « auch dazu bei, die Vision, die
Sehnsucht wahr werden zu lassen.

Schritt 1: Nehmen Sie Ihre Meditationshaltung ein und denken Sie zurück an einen Moment, in dem jemand, den Sie mögen oder mochten, sich gefreut hat – und Sie sich mit ihm. Das kann ein großer Moment gewesen sein, eine Hochzeit oder eine Beförderung, oder auch etwas Kleines, etwa ein schöner Blumenstrauß. Dabei ist nicht wichtig, ob Sie selbst mit dem Auslöser der Freude etwas zu tun hatten oder nicht.

Erinnern Sie sich möglichst genau an den Moment der gemeinsamen Freude. Wie waren Sie gekleidet, an welchem Ort trafen Sie zusammen, was war zu hören, war es warm oder kalt? Wie sah das Gesicht Ihres Gegenübers aus, der Mund, die Augen? Haben Sie gejuchzt vor Freude, sich umarmt und getanzt, oder war es ein eher stiller Moment, bei dem ein Blick ausreichte?

Schritt 2: Nun lösen Sie sich von der Situation und bleiben nur noch bei den Gefühlen selbst.

- Gab es in den letzten Tagen Momente, in denen Sie mit jemandem Freude geteilt haben?
- Gab es Augenblicke der Freude, schöne Momente, die im Alltagstrubel einfach so an Ihnen vorbeigerauscht sind?
- Verbinden Sie dann das Gefühl der geteilten Freude, des unbeschwerten Mitfreuens mit diesen Situationen.

Schritt 3: Halten Sie das Gefühl aufrecht und überlegen Sie: Wünscht sich ein Mensch, der Ihnen nahesteht, etwas aus ganzem Herzen? Ein bestimmtes Erlebnis, eine Erfahrung, einen Gegenstand? Stellen Sie sich vor, der Wunsch wäre bereits in Erfüllung gegangen. Und derjenige oder diejenige steht strahlend vor Ihnen und teilt seine oder ihre Freude mit Ihnen! Lassen Sie sich darauf ein. Jubeln oder lachen Sie, halten Sie einander an den Händen oder nehmen Sie sich in die Arme. Das Gefühl des Glücks durchflutet Sie beide. Sie haben Teil an der Freude Ihres Gegenübers, und zugleich erhöhen Sie durch Ihre Anerkennung und Bestätigung die Freude des oder der Anderen. Genießen Sie hemmungslos das Hochgefühl der Wärme, der Intensität, der Aufregung, der Begeisterung!

Schritt 4: Nun holen Sie tief Luft und lassen den Atem langsam ausströmen. Lächeln Sie und beenden Sie die Meditation.

Nachhaltige Wirkung

Mit Hilfe der funktionellen Magnetresonanztomografie (fMRT), eines Bildgebungsverfahrens, lässt sich zeigen, dass Meditationen wie diese unser Gehirn verändern: Das Areal für Mitgefühl wächst – und zwar wortwörtlich: Die entsprechende Gehirnmasse wird dichter und größer.

24 LIEBEVOLLE-GÜTE-MEDITATION

Das bringt's: Wohlwollen

Beim Meditieren widmet man sich in liebevoller Aufmerksamkeit dem eigenen Leben. Dieses Gefühl lässt sich auch teilen!

Sich selbst und anderen »liebende Güte« zuteil werden zu lassen, ist eine wichtige meditative Tradition im Buddhismus. Der Fachbegriff dafür lautet Metta-Meditation, wobei Metta in etwa Liebe, Freundschaft, Sympathie bedeutet; er kommt dem der christlichen Nächstenliebe sehr nahe.

In der klassischen Version beginnt man damit, sich selbst Gutes zu wünschen. Dazu wiederholt man im Geiste jeweils drei- bis fünfmal die überlieferten Formeln:

- Möge ich gesund sein und frei von Leiden!
- Möge ich frei sein von Hass, Gier und Verblendung!
- Möge ich erfüllt sein mit Ruhe, Gelassenheit und Frieden!
- Möge ich glücklich sein!

Manchen Menschen fällt es schwer, sich selbst etwas Gutes zu wünschen. Solche Wünsche haben aber nichts mit Egoismus zu tun. Nur wer sich selbst wertschätzt, kann auch andere Menschen lieben. Scheuen Sie sich also nicht vor diesem Teil der Übung.

Schritt 1: Nehmen Sie Ihre Meditationshaltung ein und konzentrieren Sie sich zunächst auf Ihren Atem. Dann wiederholen Sie die Sätze, mit denen Sie sich selbst Gutes wünschen je fünfmal.

Schritt 2: Denken Sie nun an ein Wesen, das Sie sehr mögen, das kann ein bestimmter Mensch sein, aber auch Ihre Katze. Hilfreich ist, wenn schon bei der Vorstellung ein Gefühl von Wohlwollen, Güte und Liebe in Ihnen aufsteigt. Sprechen Sie dann im Geiste je fünfmal:

- Mögest du gesund sein und frei von Leiden!
- Mögest du frei sein von Hass, Gier und Verblendung!
- Mögest du erfüllt sein mit Ruhe, Gelassenheit und Frieden!
- Mögest du glücklich sein!

Schritt 3: Schicken Sie nun nach und nach Liebe und Wohlwollen an weitere Personen,

- an eine Person, zu der Sie ein ziemlich neutrales Verhältnis haben,
- an einen für Sie schwierigen Menschen

- an alle Menschen in Ihrem Umfeld,
- an alle Menschen in Ihrem Land,
- und schließlich an alle Menschen und Lebewesen auf der ganzen Welt.

Schritt 4: Holen Sie tief Luft. Halten Sie den Atem einen Moment an, und lassen Sie ihn wieder ausströmen. Beenden Sie die Meditation und nehmen Sie das wunderbare Gefühl, anderen Menschen mühelos Gutes tun zu können, mit in den Tag.

Diese Übung lässt sich auch aufteilen: Heute Liebe für mich, morgen Liebe für den Rest der Welt. Wenn Sie die Meditation regelmäßig praktizieren, wird sich Ihre Lebenseinstellung positiv verändern und Sie werden glücklicher. Wissenschaftliche Studien belegen, dass Metta-Meditationen schon nach kurzer Zeit auch bei Anfängern dazu beitragen, sich besser und psychisch stabiler fühlen.

Hilfestellung
Wenn es anfangs nicht so recht klappt mit dem Liebe schicken, dann stellen Sie sich eine regenbogenartige Energiebahn von sich selbst zu Ihrem Gegenüber vor, auf der die Sätze übermittelt werden. Oder Sie ziehen einen kleinen Helfer hinzu, der Ihre Liebevolle-Güte-Sätze überbringt – eine Taube, einen Engel…

Singen, summen, gehen, zählen, essen – all das kann zur Meditation werden, wenn Sie diese Aktivitäten mit entsprechender Aufmerksamkeit und Konzentration ausführen.

Meditationen können in zwei große Gruppen eingeteilt werden: Bei den passiven sitzt oder liegt man und lenkt seine Aufmerksamkeit auf ein vorher festgelegtes Element oder einen inneren Vorgang: ein Bild, ein Geräusch, die Gerüche der Umgebung oder die eigene Atmung, die eigenen Gedanken. Aktive Meditationen zeichnen sich dagegen durch Bewegung aus, meist konzentriert man sich aufmerksam auf eine bestimmte Handlung, etwa das Gehen.

Alle aktiven Meditationen sind aber in gewissem Sinne auch Achtsamkeitsmeditationen, denn auch hier geht es um eine bewusste, wache Wahrnehmung bei gleichzeitiger Entspannung und Loslösung vom Alltag. Visualisierungen wiederum stellen einen Grenzfall dar. Denn wir konzentrieren uns zwar auf einen inneren Vorgang – ein bestimmtes Bild oder eine Situation – stellen diese Bilder aber selbst her … Die Grenzen sind also in manchen Fällen fließend.

Im Folgenden lernen Sie einige sehr hilfreiche, eindeutig aktive Meditationsformen kennen. Viel Freude damit!

25 ᴑM-MEDITATION

Das bringt's: Weltverbundenheit, Karma

Das typische Bild der Meditation: safranrot gekleidete
Mönche im Lotussitz, die »Om« singen.
Es geht aber auch im Alltagsoutfit auf einem Stuhl.

Im Hinduismus gilt die Silbe »Om« als Urklang,
aus dem sich das gesamte Universum entwickelt
hat. Sie beinhaltet nach traditionellem Verständnis
die Weltseele: alle sichtbaren Erscheinungen sowie
das Reich des Unsichtbaren und Transzendenten.
Und sie ist eines der heiligsten Mantren (siehe
Seite 12) in den fernöstlichen Religionen des
Hinduismus, Buddhismus und Jainismus.
Die hier vorgeschlagene Om-Meditation basiert
aber nicht auf dem religiösen Verständnis der
Silbe, sondern stellt nur ein weiteres – klang-
liches – Tor in die Stille unserer inneren Welt dar.
Und sie vermittelt das Gefühl von Verbundenheit
und Aufgehobensein.
Die Om-Meditation ist eine Mantra-Meditation,
das heißt, Sie sprechen oder singen wiederholt das
Mantra – hier also die Silbe »Om«. Das »O« ist ein
offenes »O«, wie in dem Wort offen. Das »M« wird
langgezogen, ähnlich, wie wenn man summt.

Laut oder leise?

Je nach dem, wo Sie sich befinden und wonach Ihnen zumute ist, können Sie die Silbe »Om« stumm wiederholen, leise summen oder laut singen. Wenn ich alleine bin oder in einer größeren Gruppe meditiere, singe ich das »Om« etwas lauter als mit normaler Sprechstimme und etwas länger als einen normalen Atemzug lang, sodass ich mit dem langen M die Luft aus meiner Lunge drücke und anschließend tiefer als sonst einatmen kann. Es geht aber auch stumm, etwa wenn ich andere nicht stören möchte, und mit etwas Übung und Fantasie entsteht dennoch der Eindruck der klanglichen Schwingung im Körper.

Varianten

Manche Lehrer sprechen das »Om« wie »Aum« oder »Aom«. In beiden Fällen bleibt das Einatmen stumm. Andere wiederholen das Wörtchen »Om« stumm sowohl beim Ein- als auch beim Ausatmen. Im Folgenden beschreibe ich die hörbare Variante der Om-Meditation, bei der die Silbe nur beim Ausatmen erklingt, weil auch die Stille nach dem Klang positiv wirkt. Das Einatmen bleibt stumm.

Schritt 1: Nehmen Sie Ihre Meditationshaltung im Sitzen ein und achten Sie darauf, an welchen Stellen Ihr Körper den Boden und die Sitzfläche

berührt. Ziel ist, eine möglichst stabile und aus-
balancierte »Erdung« herzustellen. Nun holen
Sie zweimal tief Luft und lassen den Atem jedes
Mal langsam ausströmen.

Schritt 2: Bei einem der nächsten Atemzüge
beginnen Sie, die Silbe »Om« zu singen. Das heißt,
Sie atmen ein und formulieren beim Ausatmen
den Laut »Om«, wobei sich das »M« über die
gesamte Ausatmung erstreckt.

Schritt 3: Wiederholen Sie den Vorgang wenigstens zehnmal – gern auch öfter – und beenden Sie
die Meditation mit einem tiefen Atemzug und
langem Ausatmen.

Klänge für die Chakren
*Man kann mit Hilfe von Klängen die Chakren
(siehe Seite 11) ansprechen. Auf diese Weise lässt
sich auch die Übung 13 ergänzen. Die Klänge
sind für das*

- *Wurzelchakra: »Lam«*
- *Sakralchakra: »Vam«*
- *Solarplexus: »Ram«*
- *Herzchakra: »Yam«*
- *Hals-/Kehlkopfchakra: »Ham«*
- *Stirnchakra: »Sham«*
- *Kronenchakra: »Om« oder »Aum«.*

26 ZÄHLMEDITATION

Das bringt's: Konzentrationsfähigkeit

Meditatives Zählen ist nicht so einfach wie es klingt.
Dafür haben Sie doppelten Nutzen: Sie schulen Ihre
Konzentration – und üben die Geduld mit sich selbst.

Der US-amerikanische Meditationslehrer Jack
Kornfield verwendet als Bild für Meditationsübungen die Erziehung zum »Sitz!« bei einem
jungen Hündchen. Man sagt: »Sitz!«, doch das
Hündchen läuft davon. Also fängt man es ein und
setzt es wieder hin und sagt wieder: »Sitz!«. Und
vielleicht bleibt es eine Weile, oder es läuft wieder
davon. Früher oder später jedenfalls muss man es
erneut einfangen und wieder hinsetzen und sagen:
»Sitz!«. Mit derselben liebevollen Ausdauer emp-
fiehlt Kornfield, die eigene Konzentrationsfähig-
keit zu schulen.
Gerade Zählmeditationen sind in dieser Hinsicht
eine gute Schule. Und tatsächlich wird man schnell
besser darin. Genau so wichtig aber erscheint mir,
dass man dabei lernen kann zu scheitern – nicht
sauer darüber zu sein, nicht verzweifelt, nicht ge-
nervt mit sich, mit der Welt, sondern geduldig und
nachsichtig immer wieder von vorne zu beginnen.

Variante 1: Nehmen Sie Ihre Meditationshaltung ein und beginnen Sie im Rhythmus Ihrer Atmung zu zählen. Beim Einatmen sagen Sie jeweils im Geiste »eins«. Beim Ausatmen »zwei«.

- Einatmen – eins
- Ausatmen – zwei
- Einatmen – eins
- Ausatmen – zwei

und so weiter.

Vermutlich werden Sie bereits nach wenigen Atemzügen aufhören zu zählen und an sonst etwas denken. Die Einkaufsliste. Warum Sie überhaupt meditieren. Den nächsten Urlaub … Und plötzlich merken Sie: »Ach ja, zählen, beim Atmen, aber war ich jetzt bei eins oder bei zwei … und atme ich gerade ein oder aus?« Sobald Sie bemerken, dass Sie nicht mehr zählen, richten Sie Ihre Aufmerksamkeit liebevoll (nicht ärgerlich!) wieder auf den Atem und das Zählen.

- Einatmen – eins
- Ausatmen – zwei
- Einatmen – eins
- Ausatmen – zwei

und so weiter.

Wenn Sie sich erneut dabei ertappen, dass Sie nicht mehr zählen, sondern denken oder träumen, kehren Sie erneut geduldig zur Übung zurück – immer wieder, so oft es eben nötig ist.

Variante 2: Diesmal zählen Sie Ihre Atemzüge. Also eins, zwei, drei … immer beim Einatmen, beim Ausatmen können Sie in Gedanken die jeweilige Zahl wiederholen, das ist aber nicht zwingend. Wenn Sie zehn erreicht haben, fangen Sie wieder von vorne an.

- Einatmen – eins
- Ausatmen – (eins)

und so weiter

- Einatmen – zehn
- Ausatmen – (zehn)
- Einatmen – eins
- Ausatmen – (eins)

und so weiter.

Für alles andere siehe Variante 1.

Variante 3: Auch dieses Mal zählen Sie Atemzüge, aber Sie kehren nicht nach der Zehn zur Eins zurück, sondern Sie zählen immer weiter. Erst wenn Sie sich verlieren in Tagträumen oder im Gedankenkarussell, beginnen Sie wieder von vorne. Nachdem Sie sich ein paar Mal verheddert und verstolpert haben, kriegen Sie sicher den Bogen raus und zählen voll konzentriert immer weiter und weiter. Ganz stolz bemerken Sie auf einmal, dass Sie schon bei hundert sind. »Wow, ich mach das toll, ich meditiere wie ein Profi, ich zähle meine Atemzüge, ich – oh…«

27 CHANTING-MEDITATION

Das bringt's: Stressreduktion und Flow-Gefühl

Singen tut gut. Mantren tun gut. Beides zusammen
tut besonders gut – und macht Spaß!

»Chanting« bezeichnet das Singen einfacher Me-
lodien, die häufig wiederholt werden. Beispiel da-
für sind die berühmten Gregorianischen Choräle.
Chanting-Meditationen verwenden im Regelfall
Lieder, deren Text aus einem Mantra (siehe
Seite 12) besteht. Mantra-Meditationen wiederum
können stumm erfolgen, oder man murmelt das
Mantra vor sich hin – oder man singt es. Das
heißt, der Übergang zwischen Chanting-Medita-
tion und Mantra-Meditation ist fließend.
Die sicher bekannteste Mantra-Meditation ist das
Wiederholen der Ursilbe »Om« (siehe Übung 25).
Dies kann auch mit musikalischer Untermalung
und in wechselnden Tonhöhen erfolgen, sodass
ein Chant daraus wird.
Im Gegensatz zu professionellem Singen geht es
beim Chanting ausschließlich um die Konzentration auf den sich wiederholenden Chant. Angestrebt wird, sich im Klang zu verlieren und in
einen Flow zu geraten (siehe Seite 8).

Es gibt viele Audio- und Video-Aufnahmen von Mantra-Chants, auch kostenlos. Sie können aber auch einfach Ihren eigenen Mantra-Chant erfinden – und gleich loslegen.

Schritt 1: Suchen Sie sich ein Mantra aus der Liste unten aus, entweder weil Ihnen die jeweilige Bedeutung zusagt oder der Klang der Silben.

Schritt 2: Erfinden Sie nun eine kleine Melodie für Ihr Mantra. Sie sollte möglichst einfach sein, damit Sie sich gut auf das eigentliche Chanting konzentrieren können.

Schritt 3: Wiederholen Sie Ihren Chant immer wieder. So dringen die Glück bringenden Worte tief in Ihr Unterbewusstsein. Die Melodie dient dabei nur als Transportmittel und erleichtert es Ihnen zugleich, bei der Sache zu bleiben.

Die bekanntesten klassischen Mantren

- **Om** oder **Aum** (siehe Übung 25) – singen Sie einfach vor sich hin, in einem angenehmen, beruhigenden Ton, mal höher, mal tiefer, sodass eine Melodie entsteht.
- **Om Mani Padme Hum** – ein Mantra aus Tibet, das in etwa bedeutet: »Ehre das Juwel des Lotus«, wobei mit »Juwel« Buddha gemeint ist.

- **Ham Sa** – bedeutet »Ich bin das« oder »Ich bin so«, oder einfach »Ich bin« auf Hindi. Wird häufig als Atemmeditation verwendet – Einatmen und »Ham« denken, Ausatmen und »Sa« denken. Es geht aber auch mit einer selbstausgedachten Melodie.
- **Lokah samasta sukhino bhavantu** – wörtlich übersetzt »Mögen alle Lebewesen überall glücklich und frei sein« (siehe auch Übung 24). Das Mantra ist vielfach vertont worden. Der US-amerikanische Sänger und Songwriter Jason Mraz hat eine Version geschrieben, die ich persönlich sehr mag.
- **Om Namah Shivaya** – heißt in etwa »Ich ehre das innere Selbst« und ist vergleichbar mit »Dein Wille geschehe« aus dem Vater Unser. Wobei inneres Selbst und Vater jeweils ein göttliches Prinzip meinen.

Für Körper und Seele

Singen erhöht den Sauerstoffanteil im Blut und stabilisiert das Hormonsystem, sodass weniger Stresshormone ausgeschüttet werden.

Darüber hinaus beinhalten bereits die Worte eines Mantras dessen positive Kraft – selbst wenn man die unbekannte Sprache nicht versteht.

Durch Chanting-Meditationen können Sie sich also körperlich und seelisch Gutes tun.

28 60-SEKUNDEN-MEDITATION

Das bringt's:
Ablenkung von Gefühlen oder Gedanken

Manchmal ist der Kopf so voller Gedanken, das Herz so voller Gefühle, dass es besonders schwerfällt, eine kurze Pause einzulegen. Dann hilft ein Blick auf die Uhr.

Für diese Meditation benötigen Sie eine analoge Armbanduhr mit Sekundenzeiger. Notfalls taugt auch die Sekundenanzeige einer Digitaluhr, aber mit einem Zeiger geht es leichter. Auf den meisten Smartphones können Sie sich auch analoge Uhren als App anzeigen lassen.

Die 60-Sekunden-Meditation dauert, wie der Name bereits sagt, nur eine Minute und ist damit kürzer als die anderen in diesem Buch enthaltenen Übungen. Aber falls Sie beim ersten Mal nicht erfolgreich ans Ziel kommen, können Sie natürlich neue Versuche anhängen, so lange Sie wollen.

Auf die Uhr schauen

Ihre Aktivität besteht einfach darin, auf die Uhr zu schauen. Die Aufgabe lautet: Folgen Sie eine Minute lang mit dem Blick aufmerksam dem Sekundenzeiger Ihrer Uhr. Vielleicht haben Sie eine dieser Uhren, bei der der Zeiger von Sekunde zu Sekunde springt. Oder er läuft elegant im Kreis, ohne dauernd anzuhalten und dann weiterzuhüpfen. Das spielt keine Rolle, denn es geht nicht darum, die Sekunden zu zählen. Heften Sie einfach nur Ihren Blick auf die Spitze des Zeigers und folgen Sie ihm einmal im Kreis.

Das erfordert große Konzentration und Aufmerksamkeit, denn sonst wissen Sie, wenn der Zeiger sein Ziel erreicht, gar nicht, ob er nun nur einmal im Kreis gelaufen ist oder vielleicht schon zweimal (und Sie haben nur nicht aufgepasst). Versuchen Sie es doch gleich einmal:

Schritt 1: Nehmen Sie Ihre Meditationshaltung im Sitzen ein. Die Augen bleiben natürlich geöffnet.

Schritt 2: Schauen Sie nun auf das Zifferblatt der Uhr und richten Sie Ihren Blick auf den Sekundenzeiger. Sie können warten, bis er ganz oben steht, und dann die volle Minute absolvieren. Oder Sie beginnen dort, wo der Zeiger gerade steht, und folgen ihm mit Ihren Augen, bis er wieder dort angelangt ist, wo er zu Beginn war.

Schritt 3: Widmen Sie sich ausschließlich dem Sekundenzeiger und folgen Sie seinem Lauf Sekunde für Sekunde.

Schritt 4: Wenn Sie eine Minute geschafft haben, dann sind Sie mit der Übung fertig. Wenn Sie merken, dass Sie den Faden verloren haben, an etwas denken oder Ihren Gefühlen nachhängen (was zumindest am Anfang sehr viel wahrscheinlicher ist), dann beginnen Sie wieder von vorne. Schließlich beenden Sie die Meditation.

Gar nicht so einfach?

Diese auf den ersten Blick simpel wirkende Aufgabe ist durchaus anspruchsvoll, denn es gibt überhaupt nichts Interessantes zu sehen. Daher wendet sich unser Gehirn nach wenigen Momenten gelangweilt ab, schaltet auf Durchzug und denkt – an dieses und jenes. Sehr wahrscheinlich kriegen Sie beim ersten Mal keine ganze Minute hin, sondern nur eine halbe oder vierzig Sekunden – aber immerhin! Freuen Sie sich darüber. Sie haben dreißig oder vierzig Sekunden lang nicht an die Dinge gedacht, die Sie vorher nicht aus dem Kopf bekamen, oder nicht gefühlt, was eben noch überwältigend erschien.

Das Geschenk der 60-Sekunden-Meditation liegt nicht nur in der Schulung der Konzentration. Sondern vor allem in der Erkenntnis, dass wir nicht unsere Gedanken und Gefühle sind. Sie beherrschen uns nicht, wir können uns von ihnen lösen. Das zu erfahren, tut gut.

29 MUDRA-MEDITATION

Das bringt's:
Gesundheit für Körper, Geist und Seele

Mit bestimmten Handhaltungen können Sie
Geist und Gemüt ins Gleichgewicht bringen, aber
auch Körperfunktionen positiv beeinflussen.

Ein »Mudra« ist eine Handhaltung, die bestimmte
innere Entwicklungen unterstützen oder fördern
soll. Übersetzt aus dem Sanskrit bedeutet »Mudra«:
»Das, was Freude bringt«!

Die wichtigsten Mudra-Handhaltungen

- **Dhyana Mudra**: Die Hände schieben sich mit
  den Handflächen nach oben so weit überei-
  nander, dass die Finger der einen Hand auf den
  Fingern der anderen liegen und die Daumen-
  spitzen sich berühren. Diese Handhaltung findet sich häufig bei Buddha-Statuen.
  Erleichtert das Einswerden mit einer höheren,
  transzendenten Kraft.
- **Bhumisparsa Mudra**: Ihre linke Hand liegt
  im Schoß, die Handfläche zeigt nach oben.
  Ihre rechte Hand liegt, falls Sie im Lotus- oder
  Schneidersitz meditieren, mit der Handfläche

nach unten auf Ihrem rechten Schienbein.
Wenn Sie auf einem Stuhl sitzen, schlagen Sie
am besten das rechte Bein über das linke, dann
liegt die rechte Hand auf Ihrem Knie.
Hilft gegen Zweifel und steht für Vertrauen in
den Weg zur Erleuchtung.

- **Puspaputa Mudra**: Beide Hände liegen, wie
  Schalen himmelwärts geöffnet, mit den Handrücken auf den Knien, den Oberschenkeln
  oder – die kleinen Fingern längs aneinander
  liegend – im Schoß.
  Bringt Öffnung und Offenheit für die Aufnahme
  kosmischer Energien.

- **Vajrapradama Mudra**: Die linke Hand in die
  Mitte der Brust flach auf das Brustbein legen,
  die rechte Hand quer darüber (man kann die
  Finger auch verschränken). Üben Sie nur so
  viel Druck aus, dass ein angenehmer Kontakt
  zwischen Händen und Körper hergestellt wird.
  Unterstützt körperliche und emotionale Selbst-
  heilung, stärkt das Selbstwertgefühl.

- **Gyan Mudra**: Die Spitzen von Daumen und
  Zeigefinger liegen jeweils aneinander, die
  übrigen Finger sind locker gestreckt. Die
  Handrücken liegen auf den Knien oder den
  Oberschenkeln.
  Belebt und stärkt die Denkfähigkeit und lindert
  nächtliche Schlaflosigkeit.

- **Agni Mudra**: Die Ringfinger beider Hände werden in die Handfläche geklappt und mit dem Daumen von oben leicht fixiert. Die übrigen Finger sind locker gestreckt. Die Handrücken liegen auf Knien oder Oberschenkeln. *Kurbelt die Verdauung an, hilft beim Abnehmen*

- **Prithvi Mudra**: Die Spitzen von Daumen und Ringfinger beider Hände werden aneinander gelegt, die übrigen Finger bleiben locker gestreckt. Die beiden Handrücken liegen auf den Beinen. *Fördert Geduld, Toleranz und Konzentration, regt die Durchblutung an und belebt.*

Schritt 1: Nehmen Sie Ihre Meditationshaltung ein, und achten Sie darauf, die Haltung nicht zu starr werden zu lassen. Sie können die Übung mit offenen oder geschlossenen Augen machen.

Schritt 2: Konzentrieren sich nun auf Ihren Atem oder auf das Ziel, das Sie durch Ihre Handhaltung stärken wollen. Halten Sie die Position mindestens zwanzig Atemzüge lang, gerne länger.

Schritt 3: Beenden Sie die Meditation, indem Sie sich langsam aus der Mudra-Haltung lösen, und spüren Sie der Wirkung des Mudras auf Körper und Geist eine Weile nach.

30 GEHMEDITATION

Das bringt's: Ruhe im Alltag

Eine aktive Achtsamkeitsmeditation, die leicht zu lernen und fast überall problemlos durchzuführen ist.

Im Grunde ist die Gehmeditation eine Achtsamkeitsmeditation. Anders als bei den Übungen im ersten Kapitel konzentrieren wir uns dabei jedoch nicht auf Dinge in unserem Umfeld – Geräusche, Gerüche, Farben – und auch nicht auf etwas, das von selbst und ohne unser Zutun abläuft – unsere Atmung, den Gedankenstrom im Kopf. Wir richten unsere Aufmerksamkeit vielmehr auf etwas, das wir gerade tun, nämlich gehen. Wir machen also zwei Dinge gleichzeitig!

Mit einiger Übung können Sie die Gehmeditation auf Ihrem Arbeitsweg oder im Wartehäuschen an der Bushaltestelle durchführen und alles um sich herum für kurze Zeit ausblenden. Für den Anfang suchen Sie sich aber besser einen Ort, an dem Sie ungestört und unbeobachtet sind.

Es genügt, wenn Sie fünf bis sechs eher kurze Schritte geradeaus und wieder zurück tun können. Wenn mehr Platz ist, können Sie bei der Meditation auch ein Quadrat abschreiten.

Schritt 1: Ziehen Sie nun Ihre Schuhe aus, und wenn es warm genug ist, auch Ihre Strümpfe.

- Stellen Sie sich aufrecht hin, die Füße etwa hüftbreit auseinander. Spüren Sie, wie Ihre Fußsohlen auf dem Boden aufliegen. Fühlen Sie den Untergrund – ist er weich oder hart, glatt oder rau, kühl oder warm?
- Bewegen Sie Ihren Oberkörper ein wenig vor und zurück, nach links und rechts, bis Sie ein stabiles Gleichgewicht gefunden haben.
- Lockern Sie Ihre Knie leicht und richten Sie Ihren Oberkörper auf, als wäre oben am Kopf ein unsichtbarer Faden befestigt, der Sie in die Länge zieht. Senken Sie Ihr Kinn um eine Winzigkeit. Ihr Blick ist geradeaus gerichtet.

Schritt 2: Nun heben Sie langsam und aufmerksam einen Fuß. Achten Sie im Folgenden genau auf das, was Sie sonst automatisch tun! Es geht darum, bewusst und konzentriert eine ganz alltägliche Bewegung neu wahrzunehmen. Das bedeutet, Sie vollführen Ihre Schritte so »normal« wie möglich, allerdings so langsam, dass sie die einzelnen Teile der Bewegung genau spüren können:

- Das Anheben des Fußes, einhergehend mit einem Anspannen des Oberschenkels, dem Beugen der Hüfte, einem leichten Kippen des Oberkörpers, um die Balance zu halten.

- Dann folgt die Vorwärtsbewegung des Beins, wieder synchron mit einer begleitenden Ausgleichsbewegung des Torsos. Sie setzen den Fuß auf den Boden, vielleicht dreißig Zentimeter weiter vorn. Womit trifft er zuerst auf – der Ferse, dem Ballen, der gesamten Sohle? Es gibt kein Richtig und kein Falsch, nur Ihre ganz persönliche Wahrnehmung.

- Sie verlagern Ihr Gewicht nach vorn, kippen die Hüfte erneut, heben nun den hinteren Fuß an und konzentrieren sich darauf, wie dieser den Boden verlässt, eine bogenförmige Bewegung durch die Luft vollführt, und dann vor dem anderen Fuß aufsetzt. Währenddessen verschiebt sich das Gewicht auf dem stehenden Fuß fließend von hinten nach vorn.

Schritt 3: Beenden Sie die Übung, indem Sie Ihre Beine kurz ausschütteln.

Für Fortgeschrittene

Im Sitzen, zum Beispiel in der U-Bahn oder am Tisch, können Sie auch »im Geiste gehen«. Vollziehen Sie dazu die Bewegung mental ganz genau nach. Hoch konzentriert fühlen Sie die Bewegung, ohne sie tatsächlich durchzuführen. Das funktioniert am besten, wenn Sie das Gehen vorher ein paar Mal real geübt haben.

31 HEILMEDITATION

Das bringt's: Erleichterung und Linderung

Haben Sie akute oder chronische gesundheitliche Probleme? Meditationen können zwar nicht den Arzt ersetzen, aber die Selbstheilungskräfte unterstützen!

Wir sind es gewohnt, Schmerzen auszuhalten und zu ignorieren, nach dem Motto: Nützt ja alles nichts. Der meditative Ansatz ist genau andersherum: Sie werden sich beim Meditieren aufmerksam und offen Ihren Schmerzen oder gesundheitlichen Einschränkungen widmen. Selbstverständlich ist dies kein Ersatz für eine angemessene medizinische Diagnose und Behandlung! Meditation unterstützt die Selbstheilungskräfte des Körpers – nicht mehr, nicht weniger.

Die Heilmeditation erfordert kein Tun. Ich zähle sie trotzdem zu den aktiven Meditationen, weil Sie damit zu Ihrem eigenen Behandler werden.

Schritt 1: Sie können diese Meditation im Sitzen oder im Liegen durchführen. In jedem Fall sollte die Körperhaltung Ihre gesundheitlichen Schwierigkeiten berücksichtigen, sodass Sie soweit wie möglich entspannt sind.

Schritt 2: Lenken Sie nun Ihre Aufmerksamkeit an jene Stelle Ihres Körpers, die schmerzt oder anderweitig Probleme bereitet. Das kann zum Beispiel ein Stechen oder Pochen im Schläfenbereich sein, eine laufende Nase durch eine Allergie im Frühjahr, Bewegungseinschränkungen aufgrund eines Unfalls oder rheumatischer Beschwerden. Sie können auch an Ihrem Problem arbeiten, wenn es gerade nicht akut ist, beispielsweise bei Asthma. Ziel ist nicht, sich voller Frust auf das unerfreuliche Gefühl zu stürzen, sondern, es sich so zartfühlend wie möglich zu vergegenwärtigen. Denn neben all den Dingen, die Sie an Ihrem Leben und an Ihrem Körper lieben, sind auch die Beschwerden ein Teil Ihrer Welt.

Schritt 3: Atmen Sie mehrmals tief ein und aus, und halten Sie dabei folgenden Gedanken fest: Jetzt gerade, ob mir das gefällt oder nicht, ist diese gesundheitliche Einschränkung Teil meines Lebens.

Schritt 4: Nun konzentrieren Sie sich erneut auf den betroffen Bereich, also beispielsweise Ihr Knie, Ihren Kopf, die Enge in Ihrem Brustkorb. Versuchen Sie, den aktuellen und/oder immer wieder auftretenden Zustand einfach wahrzunehmen. Auszuhalten, wie es ist. Anzunehmen, wie es ist. Für einen begrenzten Zeitraum müssen Sie nicht kämpfen, nicht hadern, treten ein in die Gegenwart. Verweilen Sie in diesem Bewusstsein circa zehn Atemzüge lang. Wenn die Beschwerden zu intensiv werden, oder wenn Ihr Ärger über Ihren gesundheitlichen Zustand Sie mitzureißen droht, konzentrieren Sie sich auf Ihren Atem.

Schritt 5: Schließlich seufzen Sie einmal tief, bedanken sich bei sich selbst, und kehren zurück in Ihren Alltag.

Umgang mit Schmerzen

Im Fall von Schmerzen versuchen Sie, in den Schmerz hineinzuatmen und ihn mit dem Ausatmen aus sich heraus strömen zu lassen. Falls sich der Schmerz dadurch eher verstärkt – einfach aufhören. Sie können nichts kaputt machen, es ist ja nur Atem, und Sie dirigieren ihn auch nur in Ihrer Fantasie.

Sie können zusätzlich an einer schmerzhaften Stelle eine kühlende – Grün oder Blau – oder wärmende Farbe – Orange – aufscheinen lassen. Das kann Linderung für Stunden verschaffen.

Überzeugend

Die US-Gesundheitsbehörde hat nachgewiesen, dass chronische Schmerzen durch Meditation um bis zu 50 Prozent abnehmen! Ein Versuch lohnt sich also in jedem Fall.

32 ESSMEDITATION

Das bringt's: Öffnung der Wahrnehmung

Sie schulen mit dieser Übung Ihre
Wahrnehmungsfähigkeit und bringen ein wenig
Ethik in die Welt, weil Sie Ihre Nahrung mehr und
mehr achten und wertschätzen.

Wenn Sie einen Meditationskurs für Einsteiger
gebucht haben, werden Sie sehr wahrscheinlich
eine Essmeditation durchführen. Einfach deshalb,
weil es so erstaunlich einfach und gleichzeitig
überraschend ist, bekannte Nahrungsmittel bewusst zu schmecken. Aber natürlich können Sie
eine Essmeditation auch in Eigenregie beginnen.
Dabei kommen alle Sinne zum Einsatz.

Schritt 1: Legen Sie eine Rosine auf einen Teller
und setzen Sie sich damit an einen Tisch. Atmen
Sie tief durch, und betrachten Sie die Rosine.
Mustern Sie die Furchen und Erhebungen, die
ungleichmäßige Form.

Schritt 2: Nehmen Sie die Rosine zwischen Daumen und Zeigefinger und rollen Sie sie vorsichtig
hin und her. Oder legen Sie sie auf die Hand und

fahren Sie mit den Fingern der anderen Hand vorsichtig über die Oberfläche. Versuchen Sie, die äußere Struktur der Rosine so genau wie möglich zu ertasten.

Schritt 3: Heben Sie die Rosine zum Mund. Fahren Sie mit ihr über die Lippen. Wie fühlt sich das an? Nun schnuppern Sie. Manche Rosinen riechen sehr fruchtig und süß, andere verströmen fast keinen Geruch.

Schritt 4: Nehmen Sie die Rosine nun vorsichtig zwischen die Lippen und halten Sie sie dort einen Moment fest. Dann schieben Sie sie langsam und vorsichtig weiter in Ihren Mund hinein. Schließen Sie die Lippen und spüren Sie die eine, einzelne Rosine in Ihrem Mund. Achten Sie darauf, wie sich der Geschmack ausbreitet und wie sich die runzelige Oberfläche auf Ihrer Zunge anfühlt.

Schritt 5: Bewegen Sie die Rosine nun mit der Zunge in Ihrem Mund hin und her und konzentrieren Sie sich auf die entstehenden Empfindungen. Was schmecken und spüren Sie?

Schritt 6: Schließlich schieben Sie die Rosine mit der Zunge zwischen die Schneidezähne und halten sie dort einen Moment fest, bevor Sie sie vorsichtig zerbeißen. Genießen Sie die intensive Welle des Geschmacks, die sich jetzt in Ihrer Mundhöhle ausbreitet!

Schritt 7: Kauen Sie die Rosine so langsam wie möglich. Beachten Sie dabei sowohl das sich immer wieder verändernde Geschmackserlebnis wie auch die unterschiedlichen Empfindungen – das weiche Innere fühlt sich deutlich anders an als die getrocknete Schale. Es schmeckt auch anders.

Schritt 8: Am Ende schlucken Sie die Rosine herunter. Immer noch bleiben Sie so aufmerksam wie möglich. Vielleicht verbleibt ein Rest Süße in Ihrem Mund, lange nachdem Sie die Rosine hinuntergeschluckt haben?

Natürliches Essverhalten

Versuchen Sie, Ihre Mahlzeiten ganz bewusst zu sich zu nehmen – also ohne nebenbei eine SMS zu schreiben oder fernzusehen. Beachten und achten Sie Ihre Nahrung. Das macht Spaß, wenn die Qualität stimmt, und erstaunlich schnell finden Sie zu einem natürlicheren Essverhalten zurück: Essen, das schmeckt und nährt, essen, wenn Sie hungrig sind, und essen, bis Sie sich gesättigt fühlen. Je achtsamer Sie essen, umso größer der Genuss. In diesem Sinne: guten Appetit!

Bücher, die weiterhelfen

BÜCHER AUS DEM GRÄFE UND UNZER VERLAG
van Bahren, Brigitte/Kohtes, Paul J.: **ZEN-Meditationen, Achtsamkeits- und Körperübungen für 52 Wochen.**

Eßwein, Jan Thorsten: **Achtsamkeitstraining.** (Mit Audio-CD)

Freund, Lisa/Trökes, Anna: **Die Mantrabox** (Box mit Karten und Audio-CD)

Pichler, Anton: **Die 7-Minuten-Buddha-Meditation.**

Schneider, Maren: **Der kleine Alltags-Buddhist, Crashkurs Meditation. Anleitung für Ungeduldige – garantiert ohne Schnickschnack.**

Späth, Thomas / Shi Yan Bao: **Shaolin. In acht Schritten zu mehr Energie und innerer Balance.**

Trökes, Anna: **Der kleine Alltags-Yogi.**

BÜCHER AUS ANDEREN VERLAGEN
Böttcher, Sven: **Quintessenzen. Überlebenskunst für Anfänger.** Ludwig Verlag

Brown, Brené / Randow-Tesch, Margarethe: **Verletzlichkeit macht stark. Wie wir unsere Schutzmechanismen aufgeben und innerlich reich werden.** Kailash Verlag

Hanson, Rick / Kauschke, Mike: **Just 1 Thing. So entwickeln Sie das Gehirn eines Buddha.** Arbor Verlag

Kabat-Zinn, Jon / Kappen, Horst: **Gesund durch Meditation.** O.W. Barth Verlag

Kabat-Zinn, Myla / Kabat-Zinn, Jon: **Mit Kindern wachsen. Die Praxis der Achtsamkeit in der Familie.** Arbor-Verlag

Kempton, Sally / Kretzschmar, Gisela: **Meditation. Das Tor zum Herzen öffnen.** Kailash Verlag

Kornfield, Jack / Liebl, Elisabeth: **Das weise Herz. Die universellen Prinzipien buddhistischer Psychologie.** Arkana Verlag

Salzberg, Sharon: **Metta Meditation – Buddhas revolutionärer Weg zum Glück. Geborgen im Sein.** Arbor Verlag

Meditationskurse

DEUTSCHLAND
Benediktushof, Zentrum für spirituelle Wege
Klosterstr. 10, 97292 Holzkirchen
www.west-oestliche-weisheit.de/
der-benediktushof.html

Buddha-Haus, Meditations- und Studienzentrum e. V.
Uttenbühl 5, 87466 Oy-Mittelberg
www.buddha-haus.de

Dharmazentrum Möhra
Hoffmannshöhe 1, 36433 Moorgrund
www.dharmazentrum-moehra.de

Haus der Stille e. V.
Mühlenweg 20, 21514 Roseburg
www.hausderstille.de

Institut für Achtsamkeit Düsseldorf
Bahlenstraße 42, 40589 Düsseldorf
www.achtsamkeit-duesseldorf.de

Kamalashila-Institut
Kirchstraße 22a, 56729 Langenfeld
www.kamalashila.de

Tibethaus Deutschland e. V.
Kaufunger Straße 4, 60486 Frankfurt am Main
www.tibethaus.com

Waldhaus am Laacher See
Heimschule 1, 56645 Nickenich
www.buddhismus-im-westen.de

Zenkloster Liebenau
Schloss Eickhof, 31618 Liebenau
www.zenkloster-in-liebenau.de

ÖSTERREICH
Buddhistisches Zentrum Scheibbs
Ginselberg 12, 3270 Scheibbs/Neustift
www.bzs.at

Kadampa Meditationszentrum
Nußdorfer Str. 4/3, 1090 Wien
www.buddha.at

SCHWEIZ
Meditationszentrum Beatenberg
3803 Beatenberg
www.karuna.ch

Stiftung Felsentor
6354 Vitznau
www.felsentor.ch

Der Autor

Ulrich Hoffmann war u. a. als Ressortleiter und
Textchef für »Gala«, »AD Architectural Digest«,
»Living at Home« tätig. **www.ulrichhoffmann.de**.
Unter **www.minimedi.de** bietet Hoffmann kurze
Meditationen für Kinder an.

© 2014 GRÄFE UND UNZER
VERLAG GmbH, München

Alle Rechte vorbehalten.

Projektleitung: Anna Cavelius

Lektorat: Ulrike Auras

Bildredaktion: Julia Fell

Covergestaltung und Layout:
independent Medien-Design,
Horst Moser, München

Herstellung: Markus Plötz

Satz: Uhl + Massopust, Aalen

Repro: Longo AG, Bozen

Druck: Printed in China

Bildnachweis:

Corbis: Seite 62; Getty:
Seite 4, 36; Plainpicture:
Seite 14, 24, 34, 114
Visum: Seite 6, Shutterstock:
Seite 2; Shotshop: 88; Icons:
iStock (Bahn); Shutterstock
(Laptop, Herz, Sonne, Mensch);

ISBN 978-3-8338-3814-9

2. Auflage 2014

Die GU-Homepage finden Sie
unter www.gu.de

 www.facebook.com/gu.verlag

Ein Unternehmen der
GANSKE VERLAGSGRUPPE

QUALITÄTS
G|U
GARANTIE

DIE GU-QUALITÄTS-GARANTIE

Liebe Leserin, lieber Leser,
wir möchten Ihnen mit den Informationen und Anregungen in diesem Buch das Leben erleichtern und Sie inspirieren, Neues auszuprobieren. Alle Informationen werden von unseren Autoren gewissenhaft erstellt und von unseren Redakteuren sorgfältig ausgewählt und mehrfach geprüft. Deshalb bieten wir Ihnen eine 100 %ige Qualitätsgarantie. Sollten wir mit diesem Buch Ihre Erwartungen nicht erfüllen, lassen Sie es uns bitte wissen. Sie erhalten von uns kostenlos einen Ratgeber zum gleichen oder ähnlichen Thema.
Wir freuen uns auf Ihre Rückmeldung, auf Lob, Kritik und Anregungen, damit wir für Sie immer besser werden können.

GRÄFE UND UNZER Verlag
Leserservice
Postfach 86 03 13
81630 München
E-Mail:
leserservice@graefe-und-unzer.de

Telefon: 00800 – 72 37 33 33*
Telefax: 00800 – 50 12 05 44*
Mo–Do: 8.00–18.00 Uhr
Fr: 8.00–16.00 Uhr
(* gebührenfrei in D, A, CH)

Ihr GRÄFE UND UNZER Verlag
Der erste Ratgeberverlag – seit 1722.